Beginning
FRENCH
Language

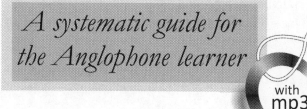

*A systematic guide for
the Anglophone learner*

with
mp3

Renée Ezinné Awa

To order additional copies of this book, contact:
Xlibris Corporation
1-888-795-4274
www.Xlibris.com
Orders@Xlibris.com
124725

Table DES MATIÈRES

TABLE OF CONTENTS

Avant propos (Foreward)   8
Remerciements (Acknowledgments)   10
LEÇONS (Lessons)
LIVRE 1 (Book 1)
1 LETTRES ET ORTHOGRAPHES   13
    (Letters and spellings)
  ➢ Letters of the French alphabet
  ➢ Orthographic signs
  ➢ Vowel/Consonant combination
2 LES NOMBRES   20
    (Numbers)
  ➢ Numbers (Cardinal)
  ➢ Numbers (Ordinal)
  ➢ Solving mathematical problems
3 PLUS SUR LA PHONETIQUE ET LA PRONONCIATION   24
(More on phonetics & pronunciation)
  ➢ Intonation pattern
  ➢ Linking
  ➢ Punctuation marks and their uses
4 - SALUTATION ET IMPÉRATIF   30
    (Greeting and command)
  ➢ Distinguishing between «TU» and «VOUS»

Beginning French Language

- Commands in the negative
- The 3 groups of verb
- Formation of imperatives
- The definite and the indefinite articles
- Applying the articles

5 - IDENTIFIER (Identifying)   43
- Use of «Qu'est-ce que c'est?» & «Est-ce que? »
- Forming plural of nouns
- The verb « Montrer »
- The prepositions « voici » and « voilà ».
- Negation (contd)
- The partitive articles.
- Days of the week.
- Months of the year.
- More on plural

6 - SE PRÉSENTER/ PRÉSENTER QUELQU'UN   51
(Introducing oneself/introducing someone)
- The verbs « s'appeler, avoir, être, habiter ».
- Introducing oneself and introducing another.
- Saying one's age.
- Giving one's address
- Professions
- Saying one's nationality
- The possessive adjectives.

LIVRE 2 (Book 2)
7 - BONJOUR À TOUS   61
(Good morning or Good day all)
- Presenting oneself according to date of birth, place of birth, etc.
- The constructions « être né le / à / en / au /aux »
- Determining the gender of a country.
- Activities of the day (Use of « jusqu'à / combien de temps », etc)
- Pronominal / Reflexive verbs
- Conditional expressing a wish (Je voudrais + infinitif)
- The weather

TABLE OF CONTENTS

8 - LES MEMBRES DE LA FAMILLE DIALLO   73
(Members of the Diallo family)
- Members of the extended family
- The verbs « travailler, démeurer, connaître » and « voyager ».
- Other pronoun subjects.
- Concord / Agreement
- The adjective - TOUT

9 A LA PLAGE   79
(At the beach)
- Talking about hobbies/leisure
- Expressing quantity
- The verbs « aimer, préférer, adorer, vouloir » and « savoir ».
- Difference between « savoir » and « connaître ».
- Nouns / Verb exploitation.
- The use of « si ».
- Another use of «Voici » and «Voilà »

10- QUELLE HEURE EST-IL ? (What time is it?)   87
- Telling the time
- The expressions « être en retard », « être en avance », AND «être à l'heure ».
- Demonstrative adjectives
- Prepositions of place / position.

11- CHEZ LE TAILLEUR (At the tailor's)   94
- Giving one's size (shoes, cloths, etc)
- Different types of wear
- The verbs « porter, mettre, essayer ».
- Looks and favourite wears
- The interrogative adjective QUEL

12- LA MAISON DE MON PÈRE   102
(My father's house)
- Parts of a house
- Objects at home
- More on description
- The expressions « être situé à », « se trouver à »
- The verbs « acheter, vendre, louer », etc.

13- PRÉPARER UN PLAT AFRICAIN   109
     (Preparing an African Dish)
➢ Giving advice and instructions
➢ Use of "ON DOIT"
➢ The verbs « éplucher, écraser, piler, pétrir, remuer, mélanger » etc.
➢ The pronoun "ON"
➢ Use of "IL FAUT"

LIVRE 3 (Book 3)
14 - AU RESTAURANT BEAUTEMPS (At Beautemps Restaurant) 119
➢ Ordering food and drinks
➢ A three square meal and a three course meal
➢ Saying what one takes for breakfast, etc.
➢ Itemsing.
➢ The constructions « être au régime, avoir faim » etc.
➢ The verbs « manger, boire, prendre », etc.
➢ The Conditional 2
15- POUR ALLER À L'ALLIANCE FRANÇAISE ?   126
     (Which way to Alliance Française?)
➢ Use of town guides / maps
➢ Means of transport
➢ The Conditional 3
➢ The Pronouns «Y» and «EN»
16- ALLONS FAIRE DES COURSES   134
     (Let's go shopping!)
➢ Mr. Kanté's boutique
➢ Saying how much one is owing and giving change
➢ Qualifying adjectives / colours
➢ Describing people and things
➢ Objects and what they are made of.
17- CHEZ LE MÉDECIN (At the doctor's)   141
➢ Parts of the body.
➢ Expression of feelings
➢ The near future.
➢ Imperatives/Commands in the near future

TABLE OF CONTENTS

➤ The recent past

18- MILAN A REÇU UNE LETTRE   150
    (Milan (has) received a letter)
➤ More constructions on letter writing.
➤ At the post office
➤ The expressions ENVOYER À, RECEVOIR DE, etc
➤ The « Passé Composé » with « AVOIR »

19 - NOUS SOMMES ALLÉS FAIRE DES COURSES   159
    (We went shopping)
➤ Goods and where they can be bought
➤ Asking for price and bargaining
➤ Indicating possession by using ÊTRE À
➤ CELUI; LEQUEL and the contracted article.
➤ The « Passé Composé » with « ÊTRE »

20- IL S'EST RÉVEILLÉ TRÈS TÔT (He woke up very early)   170
➤ More on the weather
➤ Seasons
➤ Fruits and their trees.
➤ Pronominal /Reflexive verbs (2)
➤ The « Passé Composé » of THE PRONOMINAL VERBS

CORRIGÉS (Corrections)   179
TABLEAUX DES CONJUGAISONS (Tables of Conjugation)   187
INDEX - DICTIONNAIRE (Français / Anglais)   221
(CAHIER D'XERCICE (Workbook)   235

AVANT PROPOS
Foreword

Beginning French Language (A systematic guide for the Anglophone learner) is specially packaged for the beginner's easy study of the French language. It is also ideal for schools and colleges.

It is divided into 3 parts, that is; Books 1, 2 and 3. The first 3 lessons are well detailed in phonetics and pronunciation while each lesson of Book 2 and 3 contains a dictation passage which the learner is advised to write before proceeding to the next lesson.

The book envelops important issues in phonetics & pronunciation, grammar, reading (by listening to the CD), comprehension passages as well as exercises to help the debutant become a better speaker and writer of the French language, independent of a tutor.

Consequently, the learner is advised to faithfully follow the steps highlighted by way of :

➤ Phonetics/Pronunciation (to be able to pronounce well especially as he listens to the audio CD).

➤ Dialogues et vocabulaire: This is a veritable tool in communication as the learner imbibes the choice of words as it pertains to several fields of study.

FOREWORD

➢ Tips on Grammar helps the learner to get a full grip of the French language grammar. Herein, we have treated parts of speech, expressions as well as conjugation of verbs.

➢ Exercises (to help him master all that he has learnt and to be able to put them into practice).

➢ Dictée: The dictation passages help the students/learner in listening or ear training. Getting used to the French sound is very necessary if the student wants to make progress.

➢ Corrigés: The learner is advised to score himself after each exercise by going to the CORRIGES section of the book).

➢ Cahier d'exercice : The workbook is after the main text book and it further facilitates mastery and practice of the language. Get a copy of the answers by writing to reneecomms@gmail.com.

Generally, Beginning French language has been simplified to make for easy comprehension on the part of the debutant and to guarantee a holistic approach which is needed to instill confidence in the heart of the French student.

Please, note that this book is not geared towards teaching the French culture and civilization. The content is more or less local. Consequently, some of the vocabulary and expressions employed are a blend of local colour, culture, etc. However, the teaching methodology used herein is such that any learner no matter the background can benefit from. In case there should be any difficulty, please write the author on reneecomms@gmail.com.

You can visit the author on www.reneeanglofrench.com

Awa, Renée Ezinne
Lagos, 2012

REMERCIEMENTS
Acknowledgements

A big THANK YOU and a tremendous applause to: Pastor Sam Adeyemi for his super-fantastic motivational and life changing messages especially for the vintage message "*I am more than this*". Thank you very much for believing that I have what it takes to be a good translator and a good teacher. May God keep blessing you!

Pastor Nike Adeyemi; for being a trusted role model and a big encourager of the women folk. Your encouragement is so ardent and passionnate that I cannot help but get up and GO. Thanks a lot and may you remain blessed.

My first set of students as a private teacher - Pastors Godman, John, Bolu, Kenny, Godwin, James. Thank you for encouraging me in this regard. It was a breakthrough starting point. To Pastor Godman; thanks for your pieces of advise in my moment of confusion and to Pastor Godwin for a very timely advice.

All the teachers in Alliance Française, Lagos especially to Mrs Udeh for being the teacher's teacher, Mrs Dickson for such marvelous help. To Mr. Lasisi, Mr. Oyolola, Mrs Owowo, Mrs Evesi, Patricia, Francis, Joke and Yinka thanks a lot. To my dear friend Julienne, you are so wonderful. Thanks a lot. To all my students in Alliance Française; teaching you is such fun and inspiration.

To Oluwatoyin; thanks for all your sisterly advice and for your unwavering strength in pursuit of the first edition. May God bless you.

Acknowledgements

Dr. Alawode of French Village, Badagry. Thanks for your deep concern in my welfare, especially in my pursuit for academic excellence. To Kunle for insisting that I do something worthwhile with this book. Thanks a lot.

Thanks to my sister, Barrister Jennifer Awa for some worthwhile tips on marketing and company management. Thanks to my cousin, Janet for supplying a mouth-watering recipe for PRÉPARER UN PLAT AFRICAIN.

To those who have really strived to ensure proper marketing and distribution of the book: Femi Johnson (Spectrum books Ltd.), Charles (my brother), Mr. Wellix (my brother-in-law), Mrs Comfort Senyo-Dzattah, Taneef Bookshop (French Village Badagry), Barrister Ngozi Onuora (Crestbond Ltd), Mr. Ibitayo O. Simon (Christower International College, Ibafo) and to the internet expert Mr. Yinka Olaito (Michael Sage Consulting).

Mr. Ayo Oguntuashe (Spectrum Books Ltd); thanks for your kind suggestions and advice. Stanley (Favour Digital Studios): thanks for some expert tips on recording and mass production.

I thank all the teachers and management of Living Word Academy Secondary, Aba, Abia State and D-Ivy College, Lagos. To all my past students in these schools, as well as all my past students at the University of Ibadan; thanks a lot for the joy that you gave.

To my dear mum and siblings, you are such wonderful people. Thank you very much for your moral support and candid advice and for keeping it together in the family. I love you tremendously !!!

LIVRE 1
Book 1

1. Lettres et orthographes
2. Les nombres
3. Plus sur la phonétique et la prononciation.
4. Salutation et impératif.
5. Identifier
6. Se présenter / présenter quelqu'un

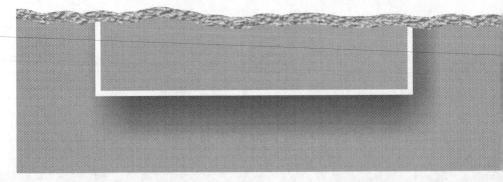

LETTRES ET ORTHOGRAPHES
Letters and Spellings

LES LETTRES DE L'ALPHABET FRANÇAIS

(Letters of the French alphabet)

A [ah]	B [bay/bé]	C [say/sé]
D [day/dé]	E [ə]	F [ɛf]
G [ʒay/ʒé]	H [aʃ]	I [i]
J [ʒi]	K [ka]	L [èll]
M [èmm]	N [ènn]	O [o]
P [pay/pé]	Q [ku]	R [eR]
S [es]	T [tay/té]	U [y]
V [vay/vé]	W [dubləvé]	
X [iks]	Y [igRèk]	Z [zèd]

LES SIGNES ORTHOGRAPHIQUES
(Orthographic signs)

A.

Les Accents (Accent Marks) : These marks are placed on vowels to produce the specific sound of the vowels. There

are three accent marks in French language

I. L'accent aigu (The Acute accent) [´]: This accent is placed only on the letter 'e', thereby giving it a sharp and piercing sound. For example: <u>marché</u>, pronounced as "<u>marshay</u>", <u>clé</u>, pronounced as "<u>clay</u>", <u>éclat</u>, pronounced as "<u>aycla</u>".

II. <u>L'accent grave</u> (The grave accent) [`] : When placed on the letter 'e', it is sounded softer or less seriously than the acute accent. E.g. <u>père</u>, pronounced as "<u>pair</u>", <u>première</u>, pronounced as "<u>promiair</u>".

On the other hand, when placed on letters 'a' and 'u', it distinguishes two words of the same spelling. E.g; a (has) BUT à (to), ou (or) BUT où (where).

III. <u>L'accent circonflexe</u> (The circumflex accent)   [^]:   This accent mark is also known as "chapeau" (hat). It can be placed on any vowel (except y) and it functions in the following ways:

(i)   First it replaces the "S" from words of Latin origin.   For example:

Bête, flûte, forêt, hôpital, hôte, honnête, maître, etc.

(ii)   It helps to avoid confusing words of the same spelling.

For example:
mur (*wall*), mûr (*ripe*) (same pronunciation),
sur (*on top of*), sûr (*sure*) (same pronunciation),
tache (*stain*), tâche (*task*) (same pronunciation).

(iii) SOMETIMES it affects pronunciation; For example:
Notre père [nɔtRpèR] (our father), le nôtre [lonotR] (ours),
Votre chemise [vɔtRchəmiz] (your shirt), la vôtre [lavotR] (yours).

B.   <u>La Cédille</u> (Cedilla) [ˌ] : This sign is usually placed under the letter 'c' (when it precedes letters a, o, u). In this way, it gives the 'c' a [s] sound. E.g. français, ça, garçon, maçon, façon, reçois, reçu.

C.   <u>Le tréma</u> (the diaeresis) [¨]: This double dot is placed on top of a vowel to indicate that the vowel is pronounced separately from the one that precedes it. In other words, the diaeresis occurs always where there are two vowels and it placed on the second vowel.

E.g. Noël, Moïse, laïque, Esaü.

NOTE: When TREMA occurs in words that end in « **guë** », it is not emphasized, that is not pronounced. It only tells us that the U is pronounced.

For example: Contiguë [kɔtigy], ambiguë [ābigy].

D. <u>L'apostrophe</u> (the apostrophe) ['] : This sign shows the omission or the loss of a vowel (a, e, i only). It usually comes after a consonant and before a vowel or 'h muet'. This process is called "Elision".

For example:

« C'<u>est</u> » instead of «<u>Ce est</u>»,

« L'<u>homme</u> » instead of « <u>le homme</u> »,

« J'<u>ai</u> », instead of «<u>je ai</u>»,

« L'<u>histoire</u>, instead of « <u>la histoire</u> »,

« S'<u>il</u> », instead of « <u>si il</u> ».

E. <u>Le trait d'union</u> (the hyphen) [-]: The hyphen connects two or more words. E.g. Sont-elles? (Are they ?) ; Y-a-t-il ? (Are there OR is there ?) ; Va-t-on ? (Are we going… ?) ; Peux-tu ? (Can you ?) ; Suis-je ? (Am I ?) ; Avez-vous ? (Do you have ?)

ETUDIEZ CETTE COMBINAISON
VOCALIQUE ET CONSONANTIQUE
POUR VOUS AIDER A MIEUX PRONONCER !
(Study this vowel and consonant combination
to help you in pronouncing better!)

-oi-, -oy- [wa] e.g; trois, voyage, goyave, poids, soi
-eau-,-ue-, -au-, -aux-, -ueue-, -aux-, -eux-, [o] like the 'o' in
'obey'; e.g; chateau, queue.
-eu, -oeu (at the end, that is, open) [oew]
e.g ; peu, deux, veut.
 -eu, -oeu (closed)
[œ] e.g ; soeur, peur, neuf.
-tion, -xion, [syõ] e.g; intention, nation, réflexion.
-sion, [zyõ] e.g ; occasion.
-ss-, [s] e.g; boisson, poisson
-s-, -x-, (b/w 2 vowels), [z] e.g; poison, maison.
-ou-, [oo]; like the 'oo' sound in 'cool'. e.g; poule, tout, vous.
-ll-, [j] (in some cases) - that is the 'y' sound in English, as in
"yes" , E.g; famille [famij], cédille [sedij], fille [fij].
BUT in some other cases, double L gives a [L] sound as in these
cases: ville [vil], appelle [apail], tranquille [tRãkil].

-ie-, [ijay] E.g; pied, étudier.
-tie (at the end of a word of more than one syllable) [si]
  e.g démocratie, aristocratie, prophétie. BUT : partie [paRti]
-sie (at the end) [zi] e.g ; jalousie, Andalousie.
-ai- [ai] e.g; plait.
-ier-, [jair] (same as [jay] above except for the presence of [R]
which is stressed here) e.g; hier
-ère-,-er-, (in the middle), [air] e.g; vers, première, vert, servir.
-é-, -er- , [ay] like the 'ay' sound in 'clay'.
  E.g; manger, parler, sauté, clé, mangé, parlé.
-ui-, [wi] as in 'we' in English. E.g; huit, oui, bruit.
-ch-, [sh] like 'sh' sound in 'shop' E.g; toucher, chaude, chéri,

mouchoir.

-u-, [iu] Like the « eau » sound in BEAUTY. E.g; but, sur, tu, vu, aigu.

-gn- [Ɲ] like the 'gn' sound in COGNAC or "ny" sound in Igbo language; like NYE M (Give me) and Yoruba language; like INYO (pounded yam); e.g. agneau, champagne, montagne, Agnès, cologne, signe.

NOTE:

1. -An-, -am-,-on-, -om-,-in-, -im-, un-, - um- are all nasalized as in these cases: devant, son, sont, sans, garçon, wagon, ombre, viens, boisson, pain, attention, faim, chacun, lent, bien.

HOWEVER, there is no nasal when there is double 'n' or 'm' OR when there is a vowel after the 'n' or 'm'. E.g. chacune, vienne, sonne imitation.

2. (˜) on top of a vowel indicate that such vowel is nasalized

3. "H" in French is always silent, as in:
hopital [ɔpital], héros [eRo], homme [ɔm]
In addition, there are two types of 'H' in French language.
«H muet»
(mute h) and «h aspiré» (aspirate h). In the former, linking (liaison) and loss of vowel (elision) are possible while in the latter they are not. However, in both types, 'h' is not sounded.
E.g. H muet
L'homme («Elision» OR loss of vowel) [lɔm]
Les hommes («liaison» OR linking) [lezɔm]
H aspiré
Le héros (No loss of vowel) [loeRo]
Les héros (no linking) [leeRo]
It should also be noted that while linking (liaison) occurs when two or more words are linked in pronunciaton due to the fact that the next word begins with a vowel or a ' mute h', while elision is

the loss of vowel (a, e, i) occurs when the word following it begins with a vowel or a 'mute h'.
(See « l'apostrophe» above)

4. In most cases, final consonants are not pronounced, as in: chaud pronounced like "SHOW" . BUT: chaude, pronounce as "SHOWED'", bruit ,pronounced as "BRWI" , but pronounced as "BEAU" OR [biu], that is the 'beau' in English 'beauty', marchand, pronounced as "MARSHÃ ", BUT: marchande [marshād]

Etudiez cette liste des consonnes finales non-prononcées !
(Study this list of final consonants that are not pronounced!)

MOTS (Words)	Prononcé comme (pronounced as)
Chaud	[show]
Bruit	[bRwi]
Fruit	[fRwi]
Les	[le]
Marchand	[maRshã]
Anglais	[ãglai]
Lent	[lẽ]
Regard	[RəgaR]

BUT when the consonants are followed by final "e", such consonants are pronounced as in the following cases

MOTS (Words)	Prononcé comme (pronounced as)
Chaude	[showd]
Fuite	[fwit]
Marchande	[maRshãd]
Lente	[lẽt]
Anglaise	[ãglaiz]
Regarde	[RəgaRd]

NOTE again that sometimes final consonants are pronounced even when they are not followed by a final "E". This is especially in the cases final "C" and final "L";

MOTS (Words)	Prononcé comme (pronounced as)
Sac	[sak]
Sec	[sèk]
Banc	[bãk]
Cognac	[kɔɲak]
Laïc	[layik]
Miel	[mjèl]
Ciel	[sjèl]
Appel	[apɛl]
Sel	[sɛl]

P/S

I adapted some of the pronunciation keys here for an easier comprehension. However, it is advisable to get a French/English dictionary.

Épelez et prononcez les mots suivants. N'oubliez pas les accents ! (*Spell and pronounce the following words. Don't forget the accent marks*!):

voiture, monsieur, fille, garçon, madame, professeur, wagon, rue, férié, bientôt, dictionnaire, ciel, tableau-noir, charmé, stylo, crayon, ordinateur, leçon, livre.

LES NOMBRES
Numbers

LES NOMBRES CARDINAUX
Cardinal numbers
1-Un/Une, 2- deux, 3 - trois, 4- quatre, 5- cinq, 6- six, 7- sept,
8- huit, 9- neuf, 10-dix, 11- onze, 12- douze, 13- treize,
14- quatorze, 15- quinze,16- seize, 17- dix-sept, 18 dix-huit,
19- dix-neuf, 20- vingt, 21-vingt et un, 22-vingt deux, 23-vingt
trois, 24- vingt quatre, 25- vingt cinq, 26- vingt six, 27- vingt sept,
28- vingt huit, 29- vingt neuf, 30-trente, 31 trente et un, 32-trente
deux, 33-trente trois, 34- trente quatre, 35-trente cinq, 36-trente
six, 37-trente sept, 38- trente huit, 39-trente neuf, 40- quarante,
41-quarante-et-un, 42- quarante deux, 43-quarante-trois,
44- quarante quatre, 45- quarante cinq, 46-quarante six,
47-quarante sept, 48-quarante huit, 49-quarante neuf,
50-cinquante, 51-cinquante-et-un, 52- cinquante deux,
53-cinquante trois, 54 -cinquante quatre, 55 -cinquante cinq,
56- cinquante six, 57 -cinquante sept, 58 -cinquante huit,
59 -cinquante neuf, 60-soixante, 61-soixante-et-un, 62-soixante
deux, 63- soixante trois, 64- soixante quatre, 65- soixante cinq,
66- soixante six, 67- soixante sept, 68-oixante huit, 69- soixante
neuf, 70-soixante dix, 71-soixante onze, 72 soixante douze,
73- soixante treize, 74- soixante quatorze, 75- soixante quinze,
76- soixante seize, 77- soixante dix-sept, 78- soixante dix-huit,
79- soixante dix-neuf, 80-quatre vingts, 81-quatre vingt un,

82-quatre vingt-deux, 83- quatre vingt trois, 84- quatre vingt quatre, 85- quatre vingt cinq, 86- quatre vingt six, 87- quatre vingt sept, 88- quatre vingt huit, 89- quatre vingt neuf, 90-quatre-vingt-dix, 91-quatre vingt onze, 92 quatre vingt douze. 93-quatre vingt treize, 94-quatre vingt quatorze, 95- quatre vingt quinze, 96- quatre vingt seize, 97- quatre vingt six-sept, 98- quatre vingt dix-huit, 99- quatre vingt dix-neuf, 100 -cent, 101 cent un, 102-cent deux, 103-cent tois, etc

200 - deux cents, 201 - deux cent un, 250-deux cent cinquante, 500 cinq cents, 770-sept cent soixante dix, 1,000 mille, 1,250- mille deux cent cinquante, 1,775- mille sept cent soixante quinze, 1888- mille huit cent quatre vingt huit, 1963- mille neuf cent soixante trois, 1999- mille neuf quatre vingt dix neuf, 2,000- deux milles, 2006- deux mille six, 2010- deux mille dix, 2020 deux mille vingt.

LES NOMBRES ORDINAUX
Ordinal numbers

1st (1er/1ère) premier/première,

2nd (2e) deuxième (second/seconde),

3rd (3e) -troisième, 4th (4e) - quatrième,

5th (5e) -cinquième, 6th (6e) - sixième, 7th (7e) - septième,

8th (8e) - huitième, 9th (9e)- neuvième, 10th (10e)- dixième,

11th (11e)- onzième, 12th (12e)- douzième, 13th (13e)- treizième,

14th (14e) - quatorzième, 15th (15e)- quinzième,

16th (16e)-seizième, 17th (17e)- dix-septième,

18th (18e)- dix huitième, 19th (19e)-dix-neuvième,

20th (20e)- vingtième, 21st (21e)-vingt-et unième,

22nd (22e)-vingt deuxième, 23rd (23e)- vingt troisième,

30th (30e) - trentième, 31st (31e)- trente-et-unième,

32st (32e)-trente deuxième,

40th (40e)-quarantième, 41st (41e)- quarante-et-unième,

50th (50e) - cinquantième, 51st (51e)- cinquante-et-unième,

52nd (52e)- cinquante deuxième,
60th (60e) - soixantième, 61st (61e)-soixante et unième, 70th (70e)-soixante dixième, 71st (71e) - soixante-onzième, 72nd (72e)- soixante douzième, 80th (80e)- quatre vingtième, 81st (81e)- quatre vingt unième, 90th (90e)-quatre vingt dixième, 91st (91e)- quatre vingt onzième, 92nd (92e) quatre vingt douzième, 99th (99e)- quatre vingt dix-neuvième, 100th (100e) centième, 101st (101e) - cent et unième, 1,000th (1,000^e)- millième.

EXERCICE 2A
Essayez d'écrire ces nombres en français
(*Try and write these numbers in French*)
28,33,44,55,66,77,88,119,36,45,57,78, 555,666, 777, 888, 999, 123, 419, 411, 911, 1983, 1991, 2002, 2018, 1665.
44th, 76th, 53th, 96th, 115th, 89th, 93rd.

Nous pouvons aussi trouver les solutions aux problèmes simples en mathématiques:
(*We can also solve simple mathematical problems*):

L'addition/La somme
(1 + 2 = 3) - Un plus deux font trois.
(4 + 5 = 9) - Quatre et cinq font neuf.
(6 + 3 = 9) - Six plus trois égalent neuf.
(10 + 5 = 15) - Dix et cinq égalent quinze.

La soustraction/La différence
(14 - 8 = 6) - Quatorze moins huit reste six.
(20 - 12 = 8) - Vingt moins douze égalent huit.
(18 - 7 = 11) - Dix-huit moins sept égalent onze.
(13 - 13 = 0) - Treize moins treize reste zéro.

La multiplication/Le produit

$(2 \times 2 = 4)$ - Deux multiplié par deux font quatre.

$(3 \times 4 = 12)$ - Trois multiplié par quatre égalent douze.

$(6 \times 3 = 18)$ - Six multiplié par trois font dix-huit.

$(7 \times 2 = 14)$ - Sept multiplié par deux égalent quatorze

La division/Le quotient

$(10 / 2 = 5)$ - Dix divisé par deux égalent cinq.

$(16 / 4 = 4)$ - Seize divisé par quatre égalent quatre.

$(21 / 7 = 3)$ - Vingt-et-un divisé par sept égalent trois.

$(18 / 9 = 2)$ - Dix-huit divisé par neuf égalent deux.

PLUS SUR LA PHONÉTIQUE ET LA PRONONCIATION

More on phonetics and pronunciation

1.   INTONATION PATTERN
(*Please listen attentively to the CD and observe the position of the arrow marks*).

A. *Falling Intonation*:

In French Language, intonation falls at the end of the sentence in these 4 ways:-

(I) In interrogative sentences which begin with interrogative words like: «qui» (who), «où» (where), «comment» (how), «pourquoi» (why).

For example :

« Qui est cette fille ? » (Who is this girl?)

« Pourquoi est-elle partie ?» (Why did she leave?)

« Où va Sami avec ses enfants? » (Where is Sami going with his children?)

« Comment trouvez-vous mon salon? » (How do you see my parlour/ sitting room?)

(Ii)   In imperative or commands; for example:

« Nettoyez la chambre ! » (clean/tidy the room !)

« Parlez plus fort ! » (Speak louder!)

« Ne faites pas de bruit! » (Don't make noise !)

« Asseyez-vous ! » (Sit down!)

(iii)   In declarative sentences which has one sense or one rhythmic group. For example:

« Etienne dort encore » (Etienne is still sleeping)

« Ce n'est pas merveilleux » (It is not wonderful)

« Vous ne parlez plus » (You do not speak any more)

(iv)   In exclamations that begin with exclamative words like QUEL, COMME, QUE.
For example:

« Quel dommage ! » (What a pity !)

« Quelle femme terrible ! » (What a terrible woman!)

« Que c'est fatigant ! » (How tiring it is!)

« Comme il est bête ! » (How stupid he is!)

B.   _Rising and falling intonation_:

A sentence has rising and falling tone when it has several senses or rhythmic groups.

For example :

« Voici la voiture » (this is the car)

« Voici la voiture avec laquelle je vais porter

les sacs de ciment » (This is the car with which I am going to carry the bags of cement).

« Ce sont les enfants des voisins » (It is the neighbours' children)

«Ce sont les enfants des voisins qui font trop de bruits » (It is the neighbours children who make too much noise).

C. *Rising Intonation*:

This is got when asking questions whose answers require OUI (Yes) or NON (No)
For Example :

«M Obi va au bureau ?» (Is Mr. Obi going to the office?)

«Vous venez chez nous ce soir ?» (Are you coming to our place this evening?)

« Faut-il mettre du sucre ?» (Is it necessary to put/add some sugar?)

2. LINKING
(*Please listen to the CD for emphasis on this*)

This is known as LIAISON in French Language and it is got when the final consonant of a word is linked to the initial vowel of the next word. However, the words must belong to the same breath or sense group.

For example:
Les hommes (*the men*), des amis (*friends*), les femmes intéressantes (*interesting women*), pas encore (*not yet*), nous habitons (*we live*), aux Etats Unis (*in the United States*), chez elle (*her place*)
NOTE the following:
(I) When a final S or X is linked to the initial vowel of

Another word they are sounded as {Z}.
For example:
Vous allez, nous habitions, les enfants, des idées, six heures, beaux hôtels.

(ii) Final D is sounded as [t] when it is linked to the vowel of another word. For example: Quand elle, prend-il ?

(iii) Final F is sounded as [v] when it is linked to the vowel of another word. For example: Neuf heures, neuf hommes, dix-neuf ans (29 years).

(iv) The word «ET» (and) is never linked to the word that follows it.
For examples :
vingt et un, moi et un ami, je vais à Londres et à Paris (I am going to London and Paris).

(v) Like we said in lesson 1, linking or LIAISON is not allowed in front of aspirate H (H aspiré).
For example: le hibou (the owl), la hache (the axe), des haricots (beans), le héros (the hero), la hauteur (height), etc.

(III) LES SIGNES DE PONCTUATION
Punctuation Marks
(.) Le point (fullstop)
(,) La virgule (comma)
(;) Le point et virgule OR le point-virgule
(:) Les deux points
(-) Le trait d'union (hyphen)
(___) Le tiret (dash)
(« ») Les guillemets (quotation marks)
(?) Le point d'interrogation.
(...) Les points de suspension
(!) Le point d'exclamation
( ) Les parenthèses (Brackets)

(IV) EMPLOI DES SIGNES DE PONCTUATION
Use of the punctuation marks

(a) <u>Le point</u> (.) This marks the end of a sentence.
   For example:
● Nous arrivons. (*We are coming*),
● Nous arrivons bientôt. (*We are arriving soon*),
● Il y a trop de bruit dans cette maison. (*There is too much noise in this house*).

(b) <u>La Virgule</u> (,): *This marks a short or brief pause by separating two or more elements in a sentence.*
Par exemple:
σ C'est un petit homme, mais il parle très fort. (*He is a short/small man but he speaks loudly*).

● Je voudrais acheter du sucre, de la viande, de l'encre et des haricots.
(*I would like to buy some sugar, some meat, some ink and some beans*).

(c) <u>Le point-virgule</u> (;): *This marks a longer pause than the comma but a shoter pause than the full stop.*
Par exemple:
● Les tomates coûtent cher; elles se vendent bien quand même. (*Tomatoes are expensive; they sell well all the same*).
● Monsieur Giwa se lève; il commence à prier toute de suite (*Mr Giwa wakes up; he starts praying immediately*).

(d) <u>Les deux points</u> (:): *This precedes a quotation or it indicates a relationship between 2 propositions in the sense that it offers an explanation; that is one proposition explains or gives reason(s) for the other one.*
Par exemple:
● Il demande : «Mais pourquoi reconstruit-on le vieux stade? ».
   (*He asks: but why are we/they reconstructing the old stadium OR why is the old stadium being reconstructed?*)
   (QUOTATION)
● On reconstruit le vieux stade: le pays accueil la coupe

mondiale l'année prochaine.
(*We/They are reconstructing the old stadium: the country is hosting the world cup next year*). (EXPLANATION).

(e)   <u>Le point d'interrogation</u> (?): *Used to indicate a question.* Par exemple :
● Pourquoi ? (*why?*)
● Vous allez le voir ? (*Are you going to see him?*)
● Comment vont les affaires ? (How is business?)

(f)   <u>Les Guillemets</u> (« »): *Used at the beginning and at the end of a quotation.* Par exemple:
● « Comment se fait-il qu'on arrive si tôt ? » demande-t-il. ("How come they arrived so early ?" he asks)
● « Ne soyez pas en retard !» elle commande. (*"Don't be late!" she commands*).

(g)   <u>Les Parenthèses</u> ( ): *These are used to highlight an element of a sentence, which is not really indispensable. Hence, we may decide to do away with the element.*
    Par exemple:
● Il a ouvert sa porte (sans aucune réflexion) aux voleurs. (*He opened his door (without any thought) to the thieves*).

.

Leçon 4

SALUTATION ET IMPÉRATIF

Greetings and command

Dialogue 1:
Voici une salutation simple entre Mabel et son professeur, Monsieur Priyé (*Here is a simple greeting between Mabel and her teacher Mr. Priyé*):

Mabel: Bonjour, M. Priyé, comment allez-vous?
(Good morning OR good day Mr. Priyé, how are you?)
M. Priye: Très bien merci, et toi ? (Very well, thank you and you?)
Mabel: Bien merci. (Fine, thank you).

Dialogue 2: (entre Mademoiselle René et son patron Monsieur Kanye) (*between Miss René and her boss Mr. Kanye*):

Mlle René: Bonjour, M. Kanye, comment allez-vous?
(Good morning OR good day, Mr. Kanye, how are you?)
M. Kanye: Je vais bien, merci, et vous? (Fine thank you and you?)
Mlle René: Très bien, merci. (Very well thank you)

Dialogue 3: (entre Phillipe et un étranger):
(*between Phillipe and a stranger*):
L'étranger: Bonjour, comment allez-vous? (Good morning, how are you?)
Phillipe: Bien, merci, et vous? (Fine thank you and you?)
L'étranger: Très bien, merci. (Very well, thank you)

Dialogue 4:   (entre Marianne et son père),
(*between Marianne and her father*):

Marianne: Bonjour papa, comment ça va? (Good   m o r n i n g
papa, how are you?)
Le père: Ça va bien merci, et toi? (Fine thank you?)
Marianne: Bien, merci. (Fine thanks)

Dialogue 5: (entre Lisa et son ami, Phillipe).
(*Between Lisa and his friend, Phillipe*).

Lisa: Bonjour Phillipe, comment vas-tu?
Phillipe: Bien, merci et toi?
Lisa: Ça va.

NOTE : Ça va ? (With a question mark) means ' how   are   you?'
but without a question mark, it means 'fine' as in Lisa's response
above.

Dialogue 6: (entre Marianne et ses amis, Nosa et Michèlle)

Marianne: Salut, mes amis, comment allez-vous?
Nosa/Michelle: Très bien, merci et toi?
Marianne: Ça va bien, merci.

We can also use the informal SALUT !; that is Hi... (as in
Marianne's greeting above)
NOTE : Marianne used VOUS for her friends because she
    addressing more that one person (Nosa and Michele) at the
    same time.

When saying goodbye, we say "Au revoir" as in:
◆ Au revoir monsieur, à bientôt. (Goodbye, sir,
see you soon).
◆ Au revoir, madame, que Dieu vous benisse
(Goodbye madam, may God bless you).
◆ Au revoir mademoiselle, à la prochaine fois (Goodbye miss,
    till next time).
◆ À demain (till tomorrow)

- À la semaine prochaine (till next week)
- À plus ! (See you later)
- A toute à l'heure (See you later)
- À dimahche (till Sunday)
- À janvier (till January)
- Au mois prochain (Till next month)
- A la nouvel ordre (Till further notice)

Between friends, age-mates, brothers, sisters:
- Merci beaucoup Nosa, que Dieu te bénisse. (Thank you very much Nosa, may God bless you)
- Au revoir, Chika, à la prochaine fois.
- Merci beaucoup Chika et Nosa, que Dieu vous bénisse. (Why is "VOUS" used here instead of "TE"?).

LES IMPÉRATIFS (Commands)
Some common French commands are as follows. We will group them in three categories. The first is the «vous» form, which is the polite form or the plural form. The second is the familiar form «tu» which is also the singular form. The third is the «nous» form. This form also involves the action or the participation of the speaker.

Levez-vous! / Lève-toi! (stand up!)
Levons-nous! (let's stand!)
Asseyez-vous! /Assieds-toi ! (sit down!)
Asseyons-nous ! (let's sit down!).
Ecoutez ! / Ecoute ! (listen !)
Ecoutons ! (let's listen !)

Regardez ! / Regarde ! (look !)
Regardons ! (let's look)
Lisez ! / Lis ! (read !)
Lisons ! (Let's read !)
Venez ici ! / Viens ici ! (Come here)
Venons ici demain!
(Lets come here tomorrow!)
Sautez un peu ! / Saute un peu ! (Jump a little!)
Sautons un peu (let's jump a little)

Sortez de la classe ! / Sors de la classe
(get out of the class).
Sortons de la classe ! (Let's get out of the class!).

Entrez ! / Entre ! (come in/enter !)
Entrons ! (let's enter !)
Méfiez-vous ! / Méfie-toi ! (beware)
Méfions-nous ! (let's beware !)
Levez les mains ! / Lève les mains ! (Hands up)
Levons les mains! (Let's hands up/let's put our hands up!)
Ouvrez vos livres ! /Ouvres tes livres ! (Open your textbooks!)
Ouvrons nos livres ! (Let's open our textbooks!)

Fermez la porte ! / Ferme la porte ! (Close the door!)
Fermons la porte ! (Let's close the door!).
Taisez-vous ! / tais-toi ! (shut up).
Taisons-nous ! (Let's shut up !)
Applaudissez ! / Applaaudis ! (clap)
Applaudissons ! (let's clap !)
Fermez les yeux !
Ferme les yeux ! (Close your eyes!)
Fermons les yeux ! (Let's close our eyes!)
Frappez à la porte ! / frappe à la porte !
(knock on the door)
Frappons à la porte ! (Let's knock on the door)
Priez! / Prie (pray!)
Prions! (Let's pray)

LES IMPÉRATIFS À LA FORME NÉGATIVE

To change sentences into the negative, we use the negation
pointer (Indicateur de la négation) - "NE…PAS". E.g;

- ◆ N'écoutez pas (don't listen),
- ◆ Ne croisons pas les bras (let's not fold our arms),
- ◆ Ne ferme pas la porte (don't close the door).

NOTE: The verb is placed between « ne » and « pas ». That is,
you write the verb after « ne » and immediately after the verb,
write «pas» .

BUT: In the case of reflexive verbs like « se lever » « s'asseoir » and « se taire », etc; « nous, vous » and « te », (which are not verbs) remain with the verb, that is between « ne » and « pas ». So, it is` not separated from the verb in the negative case as well.

For example:
◆ Ne vous levez pas ! (Don't get up !)
◆ Ne nous taisons pas ! (Let's not shut up!)
◆ Ne t'assieds pas ! (Don't sit down!).
◆ Ne te promène pas ! (Don't go for a walk!)
◆ Ne vous regardez pas ! (Don't look at yourself!)
◆ Ne nous plaignons pas! (Let's not complain)

(For more details on Reflexive verbs, see leçon 7 & 20)

TIPS ON GRAMMAR

1. LES TROIS GROUPES DES VERBES
(The 3 groups of verbs)
The French verbs are divided into 3 groups:

(A) The 1st group verbs, which are the "ER verbs" (Verbes en ER): These verbs are the easiest to conjugate because they follow a regular pattern and they all have the same ending.

For example the verb: PARLER (to speak). The last two letters are ER, and the endings (during conjugation) are
        -e, -es, -e, -ons, -ez, -ont.
These endings are added to the root OR base of the verb. The root/base of PARLER is PARL. So during conjugation, the endings are added to the root OR base of the verb, which is PARL and the conjugation is; (observe the underlined and listen attentively to the pronunciation):

Je parle (I speak/am speaking)
Tu parles (You speak/are speaking)
Il parle (He speaks/is speaking)
Elle parle (She speaks/she is speaking)

Nous parl<u>ons</u> (We speak/are speaking)
Vous parl<u>ez</u> (same as TU)
Ils parl<u>ent</u> (They speak/are speaking)
Elles parl<u>ent</u> (Same as above)

NOTE: Other ER verbs are: adorer, acheter, demander, danser, écouter, trouver, habiter, aimer, déjeuner, amener, fêter, chanter, regarder, etc

(B) The verbs of the 2nd group are known as the "IR verbs" (verbes en IR): These verbs also follow a regular pattern during conjugation and their endings are:
-is, -is, -it, -issons, -issez, -issent.
These are also added to the root or base, which is formed by removing the last IR of the verb. The root or base of the verb FINIR (to finish/to end) is FIN, so during conjugation the endings are added to this root or base. For example:

FINIR
Je fin<u>is</u> (I finish/am finishing)
Tu fin<u>is</u> (You finish/you are finishing)
Il / Elle fin<u>it</u> (He/She finishes/is finishing)
Nous fin<u>issons</u> (We finish / are finishing)
Vous fin<u>issez</u> (Same as TU)
Ils / Elles fin<u>issent</u> (They finish/are finishing) (masc/fem)

NOTE: Other IR verbs are:
salir, choisir, garantir, applaudir, grandir, agir, affranchir, blanchir, ralentir, nourrir, réunir, appprofondir, grossir, saisir, etc.
(B) The 3rd group verbs are further divided into several small groups for easier management. We have:

(i) <u>Verbes en DRE</u>. Their endings during conjugation are:
s, -s, ---, -ons, -ez, -ent.
These are added to the root or base and for the verb ATTENDRE (to wait), the root/base is ATTEND. This is got by removing just the final RE.
NOTE: Il/Elle has no ending as shown above.

ATTENDRE (To wait)
J'attends (I am waiting/ I wait)
Tu attends (You are waiting / you wait)
Il/Elle attend (He/She is waiting or waits)
Nous attendons (We wait / are waiting)
Vous attendez (Same as TU)
Ils/Elles attendent (They wait / they are waiting)

Some other DRE verbs are:
perdre, confondre, descendre, prétendre, rendre, vendre, entendre, etc.

(ii) <u>Verbes en UIRE</u>. The endings are
-is, -is, -it, isons, -isez, -isent and the base of the verb is got by removing the last RE. So that of PRODUIRE (to produce) is PRODUI

PRODUIRE

Je produis	Nous produisons
Tu produis	Vous produisez
Il/Elle produit	Ils/Elles produisent

Some other examples of UIRE verbs are : conduire, construire, détruire, traduire, cuire, séduire, construire, réduire, etc.

(iii) <u>Verbes en AITRE</u>. The endings are
-ais, -ais, -ait, -aissons, -aissez, -aissent and the root or base of the verb is got by removing AIRE. The base of PARAÎTRE (to appear) is PAR;
PARAÎTRE (to appear)

Je parais	Nous paraissons
Tu parais	Vous paraissez
Il/Elle paraît	Ils/Elles paraissent

Some other AITRE verbs are: connaître, disparaître, reconnaître, transparaître, etc.

(Iv) <u>Verbes en ENIR</u> ; The endings are
-Iens, -iens, -ient, - enons, -enez, - iennent.
These are added to the base which is got by removing ENIR. So
the root of VENIR is V while that of OBTENIR is OBT.

VENIR (to come)	OBTENIR (to obtain)
Je viens	J'obtiens
Tu viens	Tu obtiens
Il/Elle vient	Il/Elle obtient
Nous venons	Nous obtenons
Vous venez	Vous obtenez
Ils/Elles viennent	Ils/Elles obtiennent

NOTE : Other ENIR verbs are : tenir, devenir, contenir, intervenir,
soutenir, provenir, etc

(v) <u>Verbes en TIR</u>. Endings are :
-s, -s, -t, -tons, -tez, -tent. These are added to the base:-
PAR (for PARTIR) and SOR (for SORTIR)

PARTIR (to leave)	SORTIR (to go out)
Je pars	Je sors
Tu pars	Tu sors
Il/Elle part	Il/Elle sort
Nous partons	Nous sortons
Vous partez	Vous sortez
Ils/Elles partent	Ils/Elles sortent

(Vi) <u>Verbes en TTRE</u>: The endings are:
-ts, -ts, -t, -ttons, -ttez, -ttent. These are added to the root BA (for
BATTRE) and ME for (METTRE). E.g ;

BATTRE	METTRE
Je bats	Je mets
Tu bats	Tu mets
Il/Elle/On bat	Il/Elle/On met
Nous battons	Nous mettons
Vous battez	Vous mettez
Ils/Elles battent	Ils/Elles mettent

Other TTRE verbs are : combattre,

abattre, permettre, `transmettre, etc.

(vii) <u>Verbes en CEVOIR</u>. The endings are :
-çois, -çois, -çoit, -cevons, -cevez, -çoivent. These are added to the base RE (for RECEVOIR), and APER (for APERCEVOIR). E.g;

RECEVOIR
Je reçois
Tu reçois
Il/Elle/On reçoit
Nous recevons
Vous recevez
Ils/Elles reçoivent

APERCEVOIR
J'aperçois
Tu aperçois
Il/Elle/On aperçoit
Nous apercevons
Vous apercevez
Ils/Elles aperçoivent

Other CEVOIR verbs are concevoir, decevoir, percevoir, etc.

NOTE:
There are still other small groups that we have not treated. For more details, see *Tableaux de conjugation* (Conjugation tables) at the end of this book.

2. FORMATION OF IMPERATIVES/COMMANDS

Forming imperatives is very easy in French. All you do is conjugate the verb, then in the case of direct commands, pick out the conjugated verb only and drop the subject TU, VOUS or NOUS.
For example:
«Tu parles» OR «Vous parlez» means, *"you are speaking OR you speak"* but when we want to command someone to speak we simply say
« Parle ! » OR « parlez ! ».

In the same way, « Nous parlons » means, "we are speaking", but when we want to say "let's speak", we say « parlons! ». We can add more words to the command depending on what we want to say.
❖   Parlez au profeseur ! (Speak to the teacher),

❖   Parlons maintenant ! (Let's speak now).

Consequently, before forming a command, it is necessary to conjugate the verb (either by writing it down or by forming it in your head). Then pick out the conjugated form of the verb from the 2nd person singular TU, or from the 1st person plural NOUS or from the 2nd person plural VOUS. The conjugated form is what you use in giving a command.
Now go through LES IMPERATIFS (the commands) again!.

3.   L'ARTICLE

La langue française met beaucoup d'emphase sur l'emploi de l'article à la différence de la langue anglaise. Par conséquent, chaque nom qu'il soit animé ou inanimé est masculin ou féminin. Il n'y a pas de genre neutre en français. Veuillez utiliser votre dictionnaire pour déterminer les genres des noms (masculin ou féminin) !

French language places much emphasis on the use of the article unlike the English language. Consequently, every noun; be it living or non living things is either masculine or feminine. There is no neuter gender in French Language. You can use your dictionary to find out gender of nouns (masculine or feminine).

L'article français est divisé en trois : (a) l'article défini (b) l'article indéfini et (c) l'article partitif. (*Pour les détails sur l'article partitif, veuillez voir la Leçon 5*).
The French article is divided into three: the definite, the indefinite and the partitive article. (For more details on the partitive article see leçon 5)

	Singulier		Pluriel		
	Masc	Fem	Masc	Fem	
Défini	Le/l'	La/l'	Les	Les	(the)
Indéfini	Un	Une (a/an)	Des	Des	

NOTEZ : «L'» (L apostrophe) est placé devant les voyelles (a, e,

i, o, u et H) malgré le genre du nom. (L', - L apostrophe - is placed before vowels (a, e, i, o, u and H) no matter the gender of the noun)
Les Exemples: <u>L'article défini</u>

MASC	FEM
Le garçon (the boy)	La dame (the lady),
Le sac (the bag)	L'aurore (the dawn),
L'homme (the man)	La terre (the earth/ground)
L'oiseau (the bird)	L'histoire (the history/story).

PLURIEL : <u>L'article défini</u>

Les garçons (The boys)	Les dames (the ladies)
Les sacs (The bags)	Les terres (the grounds)
Les hommes (The men)	Les histoires (The stories/histories)
Les oiseaux (The birds)	Les filles (The girls)

Les exemples: <u>L'article indéfini</u>

MASC	FEM
Un garçon (a boy)	Une aurore (a dawn)
Un sac (a bag)	Une dame (a lady)
Un arbre (a tree)	Une histoire (a history/story)
Un homme (a man)	Une terre (an earth/ground).

PLURIEL : <u>L'article indéfini</u>

Des garçons (boys)	Des aurores (dawns)
Des sacs (bags)	Des dames (ladies)
Des arbres (trees)	Des histoires (histories/stories)
Des hommes (men)	Des terres (grounds/lands).

Pour en savoir plus, veuillez lire <u>Mastering French Language</u> par la même auteure.
(For more details, please read <u>Mastering French Language</u> by the same author).

EXERCICE 4A

Remplissez avec l'article défini juste. Le genre du nom est démontré par « m », ou « f », (entre parenthèse) c'est à dire masculin ou féminin.
(Fill with the correct definite article. The gender of the noun is represented with 'm' or 'f' (in bracket), that is, masculine or feminine).

1. _____ tableau (m)
2. _____ image (f)
3. _____ fille (f)
4. _____ garçon (m)
5. _____ table (f)

6. _____ mer (f)
7. _____ élève (m/f)
8. _____ argent (m)
9. _____ chaise (f)
10. _____ livre (m)

EXERCICE 4B

Remplissez avec l'article indéfini (un, une, des)

1. _____ table (f)
2. _____ homme (m)
3. _____ cahier (m)
4. _____ gare (f)
5. _____ magasin (m)

6. _____ radio (f)
7. _____ tabouret (m)
8. _____ cathédrale (f)
9. _____ femme (f)
10. _____ mouchoir (m)

NOTE : Pour les réponses voir corrigés ! (For the answers, see corrections!)

EXERCICE 4C

Ecrivez les impératifs suivants en Francais, voici un vocabulaire pour vous aider (Write the following commands in French, here are some words to help you):

Le tableau noir (blackboard), toucher (to touch), mon argent (my money), tabouret (stool), cacher (to hide), la radio (radio), le journal (newspaper), une chaise (a chair), courir (to run), le mouchoir (the handkerchief), apporter (to bring), donner (to give), fermer (to close), croiser (to fold), le magasin (shop/store), par terre (on the floor), les bras (arms)

Beginning French Language

[1] Look at the blackboard.
[2] Touch the door; don't knock.
[3] Don't clap.
[4] Give me my money.
[5] Don't bring a chair; bring a stool.
[6] Let's listen to the radio.
[7] Read the newspaper.
[8] Sit on the floor.
[9] Let's run.
[10] Don't leave the class.
[11] Let's hide the handkerchief.
[12] Let's not leave the shop.
[13] Let's knock.
[14] Close your books.
[15] Fold your arms

NOTE : Pour les réponses voir corrigés ! (For the answers, see corrections!)
On identifie des objets en répondant à la question:
« Qu'est-ce que c'est? »
(We identify objects by answering the question:
"what is this?")

IDENTIFIER
Identifying

Dialogue 1:
A: Qu'est-ce que c'est?
B: C'est un sac. (It's a bag).
   C'est une chemise (It's a shirt).
   C'est une voiture (It's a car)

Dialogue 2

A: Est-ce que c'est un stylo? / C'est un stylo ? (Is it a biro ?)
B: Oui, c'est un stylo. (Yes, it is a pen)
Dialogue 3

A: Est-ce que c'est une bouilloire ? / C'est une bouilloire? (Is it a
   kettle?)
B: Non, ce n'est pas une bouilloire, c'est
   une marmite.
   (No, it is not a kettle, it is a pot).

Les phrases avec « Voici » et « Voilà » et le verbe «
Montrer » (Sentences with "this/here is" and "that is" and the
verb "to show").

Dialogue 4:

A: Est-ce que c'est un balai? (Is it a broom?).
B: Non, ce n'est pas un balai, c'est une torche / un flambeau.
(No, it is not a broom, it is a torch)
A: Montrez-moi un balai / montre-moi un balai.
(show me a broom)
B: Voici un balai / voilà un balai.(this is/that is a broom).

On identifie des gens en répondant aux questions « Qui est-ce? /
Qui c'est? / C'est qui ? » (We identify people by answering the
question «
Who is this? »)

Dialogue 5:

A: Qui est-ce?/Qui c'est? (Who is it?)
B: C'est une fille. (It's a girl).
A: C'est un garçon? (Is it a boy?)
B: Non, ce n'est pas un garçon, c'est une fille.
A: Montrez-moi un garçon.
B: Voici/voilà un garçon.

Dialogue 6

A: C'est qui ?
B: C'est Wole Soyinka.
A: C'est Eddie Murphy ?
B: Non, ce n'est pas Eddie Murphy,
C'est Wole Soyinka.
A: Montrez-moi Eddie Murphy !
B: Voici / Voilà Eddie Murphy.

1. PLURIEL DES NOMS

To change the above dialogues into plural, we use «ce sont des
…» in place of « c'est un / C'est une ». This goes for both
masculine and feminine nouns. Hence, to change dialogue 2 into

IDENTIFYING

plural, we have:

A: Qu'est-ce que c'est?
B: Ce sont des stylos (They are pens)
A: Ce sont des stylos ? (Are they pens?)
B: Oui, ce sont des stylos. (Yes, they are pens)

Dialogue 3

A: Qu'est-ce que c'est?
B: Ce sont des marmites (They are pots)
A: Ce sont des bouilloires ? (Are they kettles?)
B: Non, ce ne sont pas des bouilloires, ce sont des marmites.(No, they are not kettles, they are pots).

Dialogue 4

A: Qu'est-ce que c'est ?
B: Ce sont des torches (They are torches)
A: Ce sont des balais ? (Are they brooms?)
B: Non, ce ne sont pas des balais, ce sont des torches.
A: Montrez-moi des balais / montre-moi des balais. (Show me (some) brooms)
B: Voici des balais / voilà des balais. (These are/those are brooms)

Dialogue 5

A: Qui est-ce ?
B: Ce sont des filles. (They are girls)
A: Ce sont des garçons ? (Are they boys?)
B: Non, ce ne sont pas des garçons, ce sont des filles.
A: Montrez-moi/montre-moi des garçons
B :Voici/voilà des garçons.

NOTE
« Est-ce que » does not add any meaning to the question asked. It is only a pointer to the fact that a question is being asked and your answer begins with OUI (yes) or NON (no).

Hence, we can do without it.

E.g. We can ask thus: « c'est un stylo? »
instead of « est-ce que c'est un stylo? ». OR: « C'est un garçon ? » instead of « est-ce que c'est un garçon ? » One important thing is that « est-ce que » requires that we begin our asnwer with « OUI » or « NON »

Dialogue 6
A: C'est qui ?
B : C'est Renée.
A : Est-ce que c'est Jénnie ?
B : Non, ce n'est pas Jénnie,
    c'est Renée.
A : Montrez-moi Jénnie !
B : Voici/Voilà Jénnie.
EXERCICE 5A
Change the following into plural
1. C'est un prince.
2. C'est une horloge (clock).
3. C'est un ami.
4. C'est une casquette (cap).
5. C'est un panier (basket).
6. C'est une armoire (cupboard/wardrobe).
NOTE : Pour les réponses voir corrigés ! (For answers, see corrections!)

Conjugaison du verbe: MONTRER
(Conjugation of the verb TO SHOW)
Je montre (I show/I am showing)
Tu montres (You show/you are showing)
Il/Elle montre (He/She shows/is showing)
Nous montrons (We show/we are showing)
Vous montrez (You show/you are showing)
Ils/Elles montrent (they show/they are showing)

2. LA NÉGATION 2
We have already done this in lesson 4. It is very important that when making sentences in the negative, the verb should come

between the negative pointer « ne . . . pas ». For example: « Ce n'est pas un stylo ». The verbe « est » is between « ne » and « pas » and because it begins With a vowel, « ne » loses it's "e". So we have "n" and when "est" is added, we have « n'est».

3. L'ARTICLE PARTITIF

The French partitives are:

Singulier   Pluriel
Masc   Fém   Masc   Fém
Du/de l'   De la/de l'   Des   Des   (Some)

The partitives are used for uncountable nouns even though their plural is the same with that of the indefinite article. They express quantity.
Consequently, most of the time, they represent the English SOME.

Observe the following examples:
MASCULIN
Du riz (rice or some rice), de l'acier (steel or some steel), du poulet (chicken or some chicken), du boeuf (beef or some beef), du pain (bread or some bread)

FEMININ
De la viande (meat or some meat), de la salade (salad or some salad), de l'huile (oil or some oil), de la baguette, de l'omelette.

PLURIEL
Des confitures (jam or some jam), des haricots (beans or some beans), des carrottes (carrots or some carrots), des champignons (mushrooms or some mushrooms)

LES EXEMPLES
Observez les mots soulignés ! (Observe the highlighted words!)
➢   Vous mangez du pain ou des buscuits ? (Are you eating [some] bread or [some] biscuits?)
➢   Malik veut boire de la bière. (Malik wants to drink [some]

beer).
➢ Je prépare <u>de l'</u>omelette chaque matin. (I prepare omelette each morning).
➢ Nous prenons <u>de l'</u>arachide et <u>du</u> vin au restaurant. (We take [some] groudnut et [some] wine at the restaurant).

LES JOURS DE LA SEMAINE
(The days of the week)
Questions

Calendrier 2011 Septembre						
Lun	Mar	Mer	Jeu	Ven	Sam	Dim
			1	2	3	4
5	6	7	8	9	10	11

1. Quels sont les jours de la semaine?
   (What are the days of the week?)
   Les jours de la semaine sont:
   lundi, mardi, mercredi, jeudi, vendredi, samedi et dimanche.

2. Nommez les jours de la semaine !
   (Name the days of the week!)
   (Give same answer as above)

3. Combien de jours y-a-t-il dans une semaine?
   (How many days are there in a week?)
   Il y a sept jours dans une semaine.
   (There are seven days in a week).

NOTE:
When answering questions in French, it is advisable to start with the words in the question, as in: questions 1 and 3 above. Make sure that the verb is included in your answer as shown above. The verbs are "sont" and "a". In question 3, "y-a-t-il" (are there) becomes "il y a" (there`are) in the answer.

EXERCICE 5B
Maintenant, répondez à ces questions (now answer these questions)

1. Quel est le premier jour? (Which (day) is the first day?)
2. Quels sont les jours du weekend? (Which (days) are the days of the weekend?)
3. Quel est le dernier jour de l'école? (Which (day) is the last day of school?)
NOTE : Pour les réponses voir corrigés ! (For the answers, see corrections!)

LES MOIS DE L'ANNÉE
(The months of the year)

Les mois de l'année sont: janvier, février, mars, avril, mai, juin, juillet, août, septembre, octobre, novembre et décembre.
EXERCICE 5C
Using the model answers to questions in the days of the week, answer the following questions
.
(1) Quels sont les mois de l'année?
(2) Combien de mois y-a t-il dans une année?
(3) Quel est le premier mois?
(4) Le deuxième mois, c'est lequel?
(5) Quel est le neuvième mois?
(6) Le mois de Pâques c'est quel mois?
(7) Le mois de Ramadan c'est quel mois ?
(8) Quel est le dernier mois?
(9) Quelle est la date d'aujourd'hui? (What is today's date?)
(10) Aujourd'hui, c'est quel jour? (Today is which/what day?)
NOTE : Pour les réponses voir corrigés ! (For the answers, see corrections!).

4. MORE ON PLURAL
« Quel est/Quels sont »

The interrogative pronoun « quel » agrees in number with the verb « est /sont ». That is, when the verb is singular « est », the interrogative pronoun too is in singular « quel » and when it is plural, « sont », the interrogative pronoun is also in plural « quels ». This agreement is very important in French language.
Secondly when the noun is masculine, we use « quel ». E.g; «quel jour ?». , but when it is feminine, we use « quelle ». E.g; « quelle est la date ?». OR « quelle date? » (what date?)

OTHER CONSTRUCTIONS
Une année bissextile (a leap year), Le Mercredi de Cendres (Ash Wednesday), Le Noël (Christmas), Joyeux Noël (Happy Christmas), Les Pâques (Easter), Le Vendredi saint (Good Friday), Joyeux Noël et Bonne année (Season's greetings), Bonnes Pâques/Joyeuses Pâques (Happy Easter), Bonne et heureuse année (Happy New Year), Le dimanche de Pâques (Easter Sunday), Le Lundi de Pâques (Easter Monday), Le Ramadan (Ramadan), Le Mouloud (Id El Molud), Le jeûne (fasting), Bon anniversaire (Happy birthday), il y a (there is/there are), il n'y a pas de (there is no/there are no), Le jour d'indépendance (Independence day), en janvier (in January), pluie (rain).

EXERCICE 5D
Ecrivez en Français (write in French)
(1) 2012 is a leap year.
(2) December is the month of Christmas.
(3) There are 31 days in July.
(4) 1st October is the Independence Day.
(5) Today is Ramadan fast.
(6) There is no rain in January.
(7) Happy new year, Mr. Tamla.

NOTE: Pour les réponses voir corrigés ! (For answers, see corrections!)

Leçon 6

SE PRÉSENTER /
PRÉSENTER QUELQU'UN

Introducing oneself /
introducing someone else

Lisez les textes suivants en écoutant le disque. (Read the following passages by listening to the CD)

1.   LE PORTRAIT DE JACQUES

Salut ! Je m'appelle Jacques. Je suis nigérian. J'ai treize ans et j'habite à Lagos avec mes parents. Je fréquente une école secondaire. Elle s'appelle « Ecole Secondaire Bilingue Renée». Je suis très intelligent.

Mon père est pharmacien et ma mère est professeur. Mon père a quarante-deux ans et ma mère a trente cinq ans. J'ai deux frères et une grande sœur. Ils sont aussi intelligents. Nous habitons dans un appartement de trois chambres. Mon chien s'appelle « flip ». Il est très gentil.

2. LE PORTRAIT DE MONIQUE

Voici Monique. Elle a douze ans. Elle est ivoirienne, mais elle habite à Libreville avec son oncle. Son oncle est un homme d'affaires et il a une grande maison à Libreville. Monique est dans une école privée. Son école s'appelle L'Ecole de Libreville du Sud. C'est une très grande école. Elle est aussi prestigieuse.

Monique parle bien le français et l'anglais. Elle est très

intelligente et elle est bonne en Mathématiques. Elle fait son devoir pendant la nuit avant de dormir.

VOCABULAIRE

Avec (with), chien (dog), gentil (kind/affectionate), maison (house), frère (brother), soeur (sister), appartement de trois chambres (3 bedroom flat), homme d'affaires (business man), devoir (assignment/homework), privée (private), parler (to speak), pendant (during), nuit (night), avant de dormir (before sleeping), marié (married), célibataire (single), divorcé (divorced), séparé (seperated), veuf (widower), veuve (widow).

NOTE
In the first passage, Jaques presented himself. That's why the passage was written in the first person singular "JE". In the second passage, YOU (the reader) are presenting Monique. You are telling us about a girl called Monique. Hence, you are using the third person singular/feminine "ELLE".

When presenting oneself or someone else, we normally make use of the following headers:

NOM E.g;   Je m'appelle Jacques,
           OR Il s'appelle Sebastien
AGE - E.g;   J'ai douze ans,
           OR Elle a vingt deux   ans.
SITUATION DE FAMILLE - E.g ; Je suis marié
           OR : Elle est séparée
           OR Il est veuf.
ADRESSE -   J'habite à Ikeja, numéro 12 rue St Jude (I live in Ikeja, number 12 St Jude Road).
NATIONALITE - E.g ; Je suis nigérian / Elle est américaine / Il est français.
PROFESSION - E.g ; Je suis avocat / Il est   pharmacien / Elle est avocate.

TIPS ON GRAMMAR

1. S'APPELER (to be named / called)

The verb « s'appeler » is used when we are telling someone our names or when asking others their names. The verb is conjugated thus:

SINGULIER

Je m'appelle (I am named or my name is . . .)
Tu t'appelles (You are called or your name is . . .)
Il/Elle/On s'appelle (He/she/one is named or His/her name is)

PLURIEL

Nous nous appelons (We are called or our name(s) is/are
Vous vous appelez (You are called or your name is . . .)
Ils/Elles s'appellent (They are called or their names are)

Consequently, we have questions and answers like:

A: Bonjour, comment t'appelles-tu? OR : Bonjour, comment tu t'appelles ?
B : Je m'appelle Jaques et toi ?
A : Moi, je m'appelle Lynda

To ask questions using 2nd person plural, we have

A: Bonjour, comment vous appelez-vous? OR:
   Bonjour, vous vous appelez comment ?
B : Je m'appelle Jaques et vous ?
A : Moi, je m'appelle Lynda.

2. LE VERBE « AVOIR »

This verb is used when one is talking about age. The presenter said « J'ai 15 ans » (I am 15 years old). While English language uses the verb "to be" (I am) when talking about age, the French language use "to have" (J'ai). Below is a complete conjugation of the verb « AVOIR »

J'ai (I have/I am having)
Tu as (You have/You are having)
Il/Elle/On a (He/She/One has OR is having)
Nous avons (We have/are having)
Vous avez (You have/are having)
Ils/Elles ont (They have/are having)

Consequently, when asking someone his/her age, we say:

A: Quel âge as-tu? OR Quel âge avez-vous? OR Tu as quel âge ? OR Vous avez quel âge ?
     (How old are you ?)

B: J'ai quinze ans.
     BUT When we are asking someone about another person's age, we say :

A: Il/Elle a quel age ? OR Quel age a-t-il/elle ?
     (How old is he/she ?)

B: Il/Elle a vingt-et-un ans.

We can also replace « il/elle » with the person's name. E.g:

❖   Uche a quel âge?

For the answer, we can repeat the   person's name or replace it with the correct pronoun. E. g:

❖   Uche a trente ans. OR Il a trente ans.

3.   ÉTUDIEZ CES CONJUGAISONS

(Study these conjugations)

ÊTRE (to be)	HABITER (to live/to stay at)
Je suis (I am)	J'habite (I live/I stay at)
Tu es (You are)	Tu habites (You live)
Il/Elle est (He/she is)	Il/Elle habite (he/she lives)
Nous sommes (we are)	Nous habitons (we live)
Vous êtes (you are)	Vous habitez (Same as TU)
Ils/elles sont (they are)	Ils/elles habitent (they live)

Conjuguez les verbes « présenter » (to present) et «parler» (to speak) selon le modèle « HABITER ». N'oubliez pas qu'il y a une elision dans «J'habite » parce que le mot qui suit commence par un h-muet. (Conjugate the verbs « présenter » and « parler » following the modele used in « HABITER ». Don't forget that there is an elision (loss of vowel) in "J'habite" because the word that follows "JE" begins with a 'silent H').

4.   NATIONALITÉ (Nationality)

Masculin	Féminin	English meaning
Africain	Africaine	African
Américain	Américaine	American

Beginning French Language

Anglais	Anglaise	English
Australien	Australienne	Australian
Autrichien	Autrichienne	Austrian
Belge	Belge	Belgian
Béninois	Béninoise	Beninese
Brésilien	Brésilienne	Brazilian
Cambodgien	Cambodgienne	Cambodian
Canadien	Canadienne	Canadian
Chinois	Chinoise	Chinese
Camerounais	Camerounaise	Cameroonian
Comorien	Comorienne	*From COMOROS*
Egyptien	Egyptienne	Egyptian
Français	Française	French
Ghanéen	Ghanéenne	Ghanaian
Gabonais	Gabonaise	Gabonese
Guinéen	Guinéenne	Guinean
Grèc	Grèque	Greek
Hollandais	Hollandaise	Hollandian
Hongrois	Hongroise	Hungarian
Ivoirien	Ivoirienne	Ivorian
Indien	Indienne	Indian
Isrëlien	Israëlienne	Israeli
Japonais	Japonaise	Japanese
Libanais	Libanaise	Lebanese
Libérien	Libérienne	Liberian
Luxembourgeois	Luxembourgeoise	Luxemburger
Malien	Malienne	Malian
Malawien	Malawienne	Malawian
Malais	Malaise	Malaysian
Néerlandais	Néerlandaise	Dutch
Néo-zélandais	Néo-zélandaise	New Zealandan
Nigérien	Nigérienne	*From NIGER*
Nigérian	Nigériane	*From NIGERIA*
Saoudien	Saoudienne	Saudi Arabian
Sénégalais	Sénégalaise	Senegalese
Seychellois	Seychelloise	Seychellois
Soudanais	Soudanaise	Sudanese
Suèdois	Suèdoise	Sweedish
Suisse	Suisse	Swiss

Tchèque	Tchèque	Czech
Thaïlandais	Thaïlandaise	Thai
Togolais	Togolaise	Togolese

NOTE : « EN » change en « ENNE » en feminin, alors que « AN » change en « ANE » en feminin. (EN change into ENNE in the feminine while AN change into ANE in the feminine; for example: Ivoirien/ivoirienne, Nigerian/nigeriane

5.   LES ADJECTIFS POSSESSIFS

SINGULIER		PLURIEL
MASC	FEM	MASC/FEM
Mon	Ma	Mes (*my*)
Ton	Ta	Tes (*your*)
Son	Sa	Ses (*His/Her/It's*)
Notre	Notre	Nos (*Our*)
Votre	Votre	Vos (*Your*)
Leur	Leur	Leurs (*Their*)

L'EMPLOI (Use)
1. « MON/TON/SON » sont employés devant les noms masculins et singuliers; par exemple: (« mon/ton/son » all come before singular masculine nouns),
   For example:
   Mon cahier (my notebook),
   Ton stylo (your pen/biro),
   Son chien. (his/her/it's dog).

2.   Ils sont aussi employés devant les noms féminins et singuliers qui commencent avec les voyelles ou H: (they also come before singular feminine nouns beginning with vowels or H), Par exemple;
   Mon armoire (my cupboard/wardrobe),
   Ton histoire (your story),
   Son action (His/her/it's action).

3.   MA/TA/SA sont employés devant les noms féminins et singuliers: (Ma, ta, sa come before feminine singular nouns).

Par exemple;
Ma mère (my mother),
Ta chemise (your shirt),
Sa tasse (his/her/it's cup).

4. Les pluriels des formes singuliers sont pour les deux genres:
   (The plurals of the singular forms are for both mascine and feminine).
   Par exemple;
   Mes chiens/mes sandales, (My dogs/my sandals)
   Tes actions/tes cahiers, (Your actions/your notebooks)
   Ses histoires/ses armoires.
   (His/her/It's stories / His/Her/It's wardrobe)

5. Les singuliers des formes pluriels sont pour les deux genres:
   The singular of the plural form is for both gender).
   Par exemple;
   Notre dame (nom féminin) (our lady)
   Notre champ (nom masculin) (our field)
   Votre mère (nf) (your mother)
   Votre père (nm) (your father)
   Leur maison (nf) (their house)
   Leur chien (nm) (their dog)

NOTE: Ici (no 5), tous les noms sont qualifiés par les possessifs singuliers: (Here, (no 5), all the nouns are qualified by singular possessives).

6. Mais ici, les noms sont qualifiés par les possessifs aux pluriels. (But here, the nouns are qualified by plural possessives),
   Par exemple
   Nos dames (our ladies),
   Nos champs (our fields/farms),
   Vos mères (your mothers),
   Vos pères (your fathers),
   Leurs maisons (their houses),
   Leurs chiens (their dogs).

EXERCICE 6A

Maintenant, répondez à ces questions en employant les adjectifs possessifs. N'oubliez pas de donner deux réponses: "oui" et "non"
(Answer these questions by using the possessives adjectives. Do not forget to give two answers: "yes" and "no")

(1) Est-ce que c'est ton livre?
(2) Est-ce que c'est son chien?
(3) C'est la maison de ton oncle?
(4) C'est ton verre?
(5) C'est ta montre?
(6) Est-ce que c'est sa tasse?
(7) C'est le chat de Boujou?
(8) Ce sont tes pantalons?
(9) Ce sont les marmites de ta mère?
(10) Est-ce que c'est notre repas? (Is it our food/meal?).
(11) C'est votre ordinateur?
(12) Ce sont leurs parents?
NOTE: Pour les réponses voir corrigés! (For answers see corrections!)

EXERCICE 6B
LE PORTRAIT DE JACQUES
(1) Comment s'appelle le narrateur?
(2) Il a quel âge?/Quel âge a-t-il?
(3) Où est-ce qu'il habite?
(4) Comment s'appelle son école?
(5) Il a combien de frères et sœurs?
(6) Comment vous appelez-vous?/Vous vous appelez comment?
(7) Vous avez quel âge?/Quel âge avez vous?
(8) Où est-ce que vous habitez?
(9) Comment s'appelle votre école?
(10) Vous avez combien de frères et sœurs?
NOTE : Pour les réponses voir corrigés ! *(For answers see corrections!)*

EXERCICE 6C

LE PORTRAIT DE MONIQUE

(1) Qui présentez-vous ? (*Who are you presenting?*)

(2) Elle est nigériane?

(3) Elle a quel âge ?

(4) Son école est petite ou grande ?

(5) Est-ce que Monique parle bien français ?

(6) Quand fait-elle son devoir ? (When does she do her homework?)

NOTE : Pour les réponses voir corrigés ! (For answers see corrections!)

NOTE

When answering questions, always remember to pick some of the words in the questions to form your answer, especially the verbs. That is, you may begin with the noun, pronoun or possessives, or even « OUI » or «NON » (as the case may be), and then include the verb before you complete your answer.

LIVRE 2
Book 2

7.Bonjour à tous

8.Les membres de la famille Diallo

9.A la plage

10.Quelle heure est-il ?

11.Chez le tailleur

12.La maison de mon père

13.Préparer un plat africain

BONJOUR À TOUS

Good morning/good day all

Lisez les textes suivants en écoutant le disque. (*Read the following passages by listening to the CD*).

1. Bonjour à tous. Je m'appelle Kelechi. Je suis né le 25 janvier 1990 à Conakry, en Guinée. J'habite avec mes parents. Nous habitons encore à Conakry. Ici, il fait tellement froid parce que le climat est humide. Il ne pleut pas souvent mais il fait du vent toute la journée.

Le matin, je me lève tôt. Je me lave avec de l'eau chaude. Je prends le petit déjeuner et à 7h 30, je pars à l'université.

2. Bonjour à tous. Mon nom est Renée. Je suis née le 6 septembre 1996 à Abuja, au Nigéria. J'habite maintenant à Lagos avec mes parents. Je fréquente une école secondaire.

À l'école, j'étudie les sciences parce que je voudrais être médecin. Je me réveille toujours de bonne heure. Les cours commencent très tôt et continuent jusqu'à midi, l'heure de la pause.

Je suis né le (*I was born on*), il fait tellement froid (*it is very cold OR the weather is very cold*), pleut (from PLEUVOIR- *to rain*), souvent (*often*), il fait du vent (*it is windy*), toute la journée (*all day long*) je me lève tôt (*I get up early*), l'eau chaude (*hot water*), le petit déjeuner (*break fast*), je pars à (*I leave for*), maintenant (*now*), étudie (from ÉTUDIER *to study*), parce que (*because*), je me réveille (*I wake up*), de bonne heure (*early*), jusqu'à (*until*), quand (*when*), 1990 (mille neuf cent quatre vingt dix), 1994 (mille neuf cent quatre vingt quatorze).

EXERCICE 7A
1.   Present yourself by following this example:
«Je m'appelle Kelechi. Je suis né le 25 janvier 1990 à Conakry, en Guinée».
2.   Present another person - a female - by following this example: « Son nom est Renée. Elle est née le 6 septembre 1994 à Abuja, au Nigéria ».

CONSTRUCTIONS WITH « ÊTRE NÉ »
(a) Être né le: This precedes the date of birth as well as the month. First of all, the verb ÊTRE is conjugated and then a sentence is made according to the person or people involved. ÊTRE is already conjugated in Book 1, lesson 6, but we can conjugate it again.

Je suis	Nous sommes
Tu es	Vous êtes
Il / Elle / On est	Ils / Elles sont

Lisez les phrases suivantes ! (Read the following sentences !)
  ❖ Je suis né le 3 août 2000.
  ❖ Vous êtes nés en quelle année ? (In which year were you born?)
  ❖ Vous êtes nés quand? (When were you born?)
  ❖ Nous sommes nés le 12 Avril 1989.
(B) Être né à: This precedes the name of the town or village of birth. For example:

❖ Où est-ce que vous êtes nés ? (Where were you born?)
❖ Nous sommes nés à Abuja (We were born in Abuja).
❖ Elle est née à Conakry.
❖ Il est né à Lomè.

(c) Être né en: This construction is used in front of the name of the country of birth, which is feminine or even year of birth. For example:

❖ Tu es né en Guinée, en 1991. (You were born in Guinea, in 1991)
❖ Ils sont nés en Italie, en 2003 (They were born in Italy in 2003).
❖ Tony est né en France, en 1988. (Tony was born in France in 1988)

(d) Être né au: This construction precedes the name of the country of birth, that is, masculine country. For example:

❖ Elle est née au Nigéria. (She was born in Nigeria).
❖ Mme Dauda est née au Japon. (Mrs. Dauda was born in Japan).

(e) Être né aux: This comes before the name of the country of birth which is in the plural. For example:

❖ Vous êtes nés aux Etats-Unis d'Amérique. (You were born in the United States of America).
❖ Je suis né aux Emirats arabes unis (I was born in the United Arab Emirates).

LISTE DES PROFESSIONS
List of professions

MASCULIN	FEMININ	ENGLISH MEANING
Acteur	Actrice	Actor/actress
Agriculteur	Agricultrice	Farmer
Avocat	Avocate	Lawyer
Animateur	Animatrice	Moderator
Banquier	Banquière	Banker
Boulanger	Boulangère	Baker
Cambrioleur	Cambrioleuse	Thief/burglar

Chanteur	Chanteuse	Singer
Chirugien	Chirugienne	Surgeon
Collégien	Collégienne	College boy/girl
Couturier/tailleur	Couturière	Tailor/seamstress
Cultivateur	Cultivatrice	Farmer/cultivator
Cuisinier	Cuisinière	Cook
Danseur	Danseuse	Danser
Ecolier	Ecolière	Pupil
Etudiant	Etudiante	Student
Footballeur	Footballeuse	Footballer
Garçon	Serveuse	Waiter/waitress
Informaticien	Informaticienne	Info tech expert
Musicien	Musicienne	Musician
Phamarcien	Phamarcienne	Phamarcist
Présentateur	Présentatrice	Presenter/Newscaster
Vendeur	Vendeuse	Trader/marketer
Voleur	Voleuse	Thief/armed robber

NOTE: The following do not change in the feminine

Comptable	Comptable	Accountant
Dentiste	Dentiste	Dentist
Ecrivain	Ecrivain	Writer
Elève	Elève	Student (Secondary Sch)
Journaliste	Journaliste	Journalist
Médecin	Médecin	Doctor
Professeur	Professeur	Teacher
Secrétaire	Secrétaire	Secretary
Scientifique	Scientifique	Scientist

DÉTERMINER LE GENRE D'UN PAYS
Determining the gender of a country

In French language, countries are divided into masculine and feminine. It has been noted that ferminine countries all end in E, the rest are masculine. However, Méxique, Moxambique, Zimbabwe and Zaïre are exceptions to this. Though they end in E they are still masculine. Here are some examples:

MASCULINE	FEMININ
Le Nigéria (Nigeria)	La France (France)
Le Ghana (Ghana)	La Mauritanie (Maritania)
Le Canada	La Suisse (Switzerland)
Le Togo	L'Italie
Le Portugal	L'Arabie Saoudite (Saudi Arabia)
Le Niger	La Côte d'Ivoire
Le Sénégal	L'Inde (India)
Le Brésil (Brazil)	L'Angleterre (England)
Le Mozambique	La Grande Bretagne (Great Britain)
Le Pérou	La Guinée (Guinea)
Le Cameroun	L'Amérique (America)
Le Cuba	La Turquie (Turkey)
Le Congo	L'Egypte (Egypt)
Le Kenya	La Belgique (Belgium)
L'Ouganda (Uganda)	L'Allemagne (Germany)
Le Madagascar	L'Argentine (Argentina)
Le Maroc (Morocco)	L'Asie (Asia)
Le Luxembourg	La Jamaïque (Jamaica)
Le Tchad	L'Australie (Australia)
Le Burkina Faso	La Chine (China)
Le Méxique	L'Autriche (Austria)
Le Royaume Uni	La République Tchèque
(The United Kingdom)	
Le Liban (Lebanon)	La Suède (Sweden)
Le Cap-Vert (Cape Verde)	La Grèce (Greece)
L'Angola	La Tanzanie
Le Soudan (Sudan)	L'Erythrée (Eritrea)
Le Malawi	La Malaysie (Malaysia)
Le Panama	La Hongrie (Hungary)
Le Salvador (El Salvador)	La Zambie
Le Porto Rico (Puerto Rico)	La Pologne (Poland)

NOTE:
Some countries take the plural. For example:

- ❖ Les Bahamas (*The Bahamas*)
- ❖ Les Comores / Les îles Comores (Comoros Islands)
- ❖ Les Etats Unis (*United States*)

❖ Les Emirats arabes unis (*United Arab Emirates*)
❖ Les Pays Bas (*The Netherlands/the Low Countries*)
❖ Les Seychelles (*Seychelles*)

LES ACTIVITÉS DE LA JOURNÉE
Activities of the day
Voici l'emploi du temps du professeur Hubert (*This is Professor Hubert's timetable*)

Il se lève à 6h. Il se lave et il s'habille immédiatement. Il ne prend pas le petit déjeuner. Il part à l'école à 7h. Il enseigne de 8h 30 jusqu'à midi. De midi à 13h, il déjeune dans un restaurant de son école. A partir de 13h 10, il se promène au parc d'atrractions qui est très proche de l'école. Là, il lit les journaux pendant une heure. A 14h 15, il revient à l'école pour les cours de l'après-midi. Il finit les cours à 17h 30. Il revient à la maison à 18h 15. Il prend une douche et vers 20h il dîne et il regarde la télévision jusqu'à 22h 30. Il se couche et il dort à 22h 50.

TIPS ON GRAMMAR

1. LE VERBE PRONOMINAL (*Pronominal verb*)

In French language, pronominal/reflexive verbs are identified by the presence of "**se**" OR "**s**' "before the verb.

For example: "**se réveiler**" (to wake up) is a reflexive verb but "**réveiller**" (to wake up another person) is not a reflexive verb, "

Se laver" (to wash oneself) is a reflexive verb, but "**laver**" (to wash) is not a pronominal/reflexive verb.

In the same way, "**se promener**" (to take a walk), "**se déplacer**" (to move [oneself] about). "**Se blesser**" (to wound [oneself]), "**s'appeler**" (to call/name - oneself), and "**se préparer**" (to prepare [oneself]) are all reflexive verb, whereas, "**promener**" (to take something/somebody for a walk), "**déplacer**" (to move something/somebody about), "**blesser**" (to wound someone else), "**appeler**" (to call somebody), and "**préparer**" (to prepare)

are not reflexive verbs.

When conjugating reflexive verbs, we include the "reflexive personal pronouns" (les pronoms personnels réfléchis) - "me", "te", "se" "nous", "vous", and "se". They come between the subject and the verb. For example:

SE RÉVEILLER (Reflexive)
Je me réveille de bonne heure (*I wake up early*)
Tu te réveilles (*You wake up*)
Il/Elle se réveille (*He/She wakes up*)
Nous nous réveillons (*We wake up*)
Vous vous réveillez (*Same as* TU)
Ils/Elles se réveillent (*They wake up*)

SE LAVER (Reflexive)
Je me lave à 7 heures du matin.
   (*I wash myself at 7 in the morning*)
Tu te laves
   (*You wash yourself/are washing yourself*)
Il/Elle se lave
   (*He/She washes/is washing himself/herself*)
Nous nous lavons
   (*We wash/are washing ourselves*)
Vous vous lavez
   (*You wash yourself/are washing yourself*)
Ils/Elles se lavent
   (*They wash themselves/are washing themselves*)

Remember, reflexive or pronominal verbs can be changed into ordinary verbs by simply removing SE or S' from the verbs. Therefore SE RÉVEILLER (to wake (oneself) up) will become REVEILLER (to wake up-another), SE LAVER (to wash oneself) will become LAVER (to wash - another), S'HABILLER (to dress (oneself) up) becomes HABILLER (to dress up - another).

RÉVEILLER (Not reflexive)
Je <u>réveille</u> Demola de bonne heure
   (*I wake Demola up early*)

Tu <u>réveilles</u> tes enfants à quelle heure?
   (*At what time do you wake up your children*?)
Il/Elle <u>réveille</u> tout le monde avec son bruit
   (*He/She wake everybody with his/her noise*)
Nous <u>réveillons</u> les voisins
   (*We wake up the neighbours*)
Vous <u>réveillez</u> les enfants
   (*You wake up/are waking up the children*)
Ils/Elles <u>réveillent</u> leurs parents
   (*They wake up their parents*)

BUT: LAVER (Not reflexive)
Je lave des habits (*I wash/am washing clothes*)
Est-ce que tu laves la voiture ? (*Are you washing the car*?)
Il/Elle lave les assiettes. (*He/she washes/is washing plates*)
Nous lavons les habits. (*We wash/are washing clothes*)
Vous lavez la voiture ? (*Same as TU*)
Ils/Elles lavent très bien les assiettes. (*They wash plates very well*)

SE DÊPECHER (Reflexive)
Je me dépêche pour arriver à l'heure
   (*I am hurrying up so as to arrive on time*)
Tu te dépêches toujours
   (*You are always hurrying up*)
Il/Elle se dépêche pour être en avance
   (*He/She is hurrying up so as to be early*).
Nous nous dépêchons (We hurry up/We are hurrying up)
Vous vous dépêchez (You are hurrying up)
Ils/Elles se dépêchent (They are hurrying up

SE PROMENER (*To take a walk*)

Je me promène	Nous nous promenons
Tu te promènes	Vous vous promenez
Il/Elle se promène	Ils/elles se promènent

EXERCICE 7B
Try and conjugate the following verbs:
Se blesser, se coucher, s'installer.

NOTE : Pour les conjugaisons, voir corrigés !

Once again, here are reflexive personal pronouns of the reflexive or pronominal verbs:

SINGULER
me/m' (myself)
te/t' (yourself)
se/s' (himself, herself, itself, oneself)

PLURIEL
nous (ourselves)
vous (yourselves/yourself)
se (themselves)

These object pronouns of the reflexive verbs come after the subject (noun or pronoun). For example:

S'HABILLER
Je m'habille
Tu t' habilles
Il / Elle / On s' habille

Nous nous habillons
Vous vous habillez
Ils / Elles s' habillent

NOTE:
JE M'HABILLES literarily means "*I am dressing myself up*".
TU T'HABILLES literarily means "*you are dressing yourself up*".

Now can you determine the literal meanings of the others?
SE RÉVEILLER   (*To wake (oneself) up*)
Je me réveille
Tu te réveilles
Il / Elle / on se réveille

Nous nous réveillons
Vous vous réveillez
Ils / Elles se réveillent

SE MAQUILLER (To apply make-up - on oneself)
Je me maquille
Tu te maquilles
Il/Elle se maquille

Nous nous maquillons
Vous vous maquillez
Ils/Elles se maquillent

2. LE CONDITIONNEL EXPRIMANT LE SOUHAIT
(Conditional expressing wish)

The conditional can be used to express a wish. This is got mostly by using the verbs VOULOIR (To want) and AIMER (To love OR to like).

GOOD MORNING/GOOD DAY ALL

The endings of the conditionals are:

- ais	- ions
- ais	- iez
- ait	- aient

These endings are added to the infinitive of the ER (Group 1) and the IR (Groupe 2) verbs or to an alternative to the infinitive of some of the 3rd group verbs. The alternative to the infinitive of VOULOIR is VOUDR and that of AIMER remains the same AIMER, since it is a 1st group or an ER verb. Their conjugations in the conditional are as follows:

VOULOIR	AIMER
Je voudrais	J'aimerais
Tu voudrais	Tu aimerais
Il / Elle / On voudrait	Il / Elle / On aimerait
Nous voudrions	Nous aimerions
Vous voudriez	Vous aimeriez
Ils / Elles voudraient	Ils / Elles aimeraient

JE VOUDRAIS means, "I would want to" OR "I would love to". When we use any of the verbs in the conjugation, we add a noun or a verb (infinitive) after them. However, we will concentrate on the verb (infinitive) in this lesson.

Observe the underlined in the following sentences!
- ❖ Je voudrais être médecin.
  (I would want/like to be a doctor)
- ❖ Est-ce que tu voudrais être journaliste?
  (Would you want/ like to be a journalist?)
- ❖ Elle voudrait étudier la Chimie.
  (She would want/ like to study chemistry).
- ❖ Nous voudrions vogager à Rome.
  (We would want to/like to travel to Rome).
- ❖ J'aimerais bien être un homme politique.
  (I would really like to be a politician).
- ❖ Il aimerait construire une grande maison à Lekki.
  (He would love to build a big house in Lekki)

❖ Nous <u>aimerions</u> voir Aso Rock.
(We would like to see Aso Rock)

EXERCICE 7C
Choisissez la réponse juste ! (Pick the correct answer !)

1) _____ -elles être infirmières ?
(Voudrait / Vouloir / Voudraient).
2) Nous _____ (aimer / aimerions/ ameneriez) voir
le président.
3) Vous ne _____ (vouleiz / voudrions / voudriez) pas
sortir maintenant ?
4) J' _____ (aimer / aimerais / aimera) bien faire des
courses.
5) On ne _____ (voudriez / vouloir / voudrait) pas être
paresseux.
Pour les réponses justes, voir corrigés !

LE TEMPS
The weather

When talking about the weather we use the 3rd person singular
of the verb; FAIRE (to do, to make) that is: IL FAIT. However, the
full conjugation of the verb is:

Je fais	Nous faisons
Tu fais	Vous faites
Il / Elle / On fait	Ils / Elles font

When this construction that is; IL FAIT is followed by an adjective
or a noun, which has to do with the weather, the end point
naturally tells us about the weather. Here are some examples:

❖ Il fait beau (*the weather is fine/good*)
❖ Il fait mauvais (*the weather is bad*)
(BEAU and MAUVAIS are adjectives meaning FINE or
GOOD and BAD).
❖ Il fait chaud (*the weather is hot / It is hot*)
❖ Il fait frais (*It is cool*)
❖ Il fait froid (*It is cold*)

On peut aussi combiner avec les noms comme dans les cas suivants: (We can also combine with nouns as in the following cases):

- ❖ Il fait du vent (*It is windy*)
- ❖ Il fait du soleil (*It is sunny*)
- ❖ Il fait de l'orage (*It is stormy / there is storm*)

We can also say:

- ❖ Il pleut (*It Is raining*)
- ❖ Il neige (*It is snowing*)
- ❖ Il bruine (*It is drizzling*)

DICTÉE LEÇON 7

Écoutez attentivement le disque et écrivez ! (*Listen attentively to the CD and write*).

Pour la transcription, voir CORRIGÉS ! (*For the transcription, see corrections*)

Leçon 8

LES MEMBRES DE LA FAMILLE DIALLO
Members of the Diallo family

Monsieur et Madame Diallo habitent une villa près de la Banque Centrale. Ils ont trois enfants - deux garçons et une fille. L'aîné est Salif. Il est le fils de M. et Mme Diallo. Son frère cadet est Diara. Diara est le deuxième fils. La benjamine s'appelle Pierrette. Elle estla fille de M. et Mme Diallo. Elle a quatorze ans.

M. Diallo a un frère qui demeure à Bamako. Lui, il s'appelle M. Boujou. M. Boujou est le frère aîné de M.Diallo. Il a deux fils. Il n'a pas de fille. Ses deux fils sont des jumeaux et ils demueurent à Abidjan. Ils travaillent là-bas. M. Boujou est l'oncle de Salif, de Diara et de Pierrette. Ses deux fils sont les cousins des enfants de M. et Mme Diallo.

Tous les enfants ont une tante. C'est la petite sœur de M. Diallo et de M. Boujou. Elle s'appelle Cheyne. Elle est mariée. Son mari est banquier. Il travaille à la Banque Centrale. Ils n'ont pas d'enfants mais ils habitent dans une très grande et jolie maison loin du centre ville. Ils connaissent bien tous les pays Européens parce qu'ils voyagent beaucoup.

VOCABULAIRE

Près de (close to/near), cadet/cadette -(younger (one), aîné/aînée (elder (one), premier (e)-né(e) (first born), le/la benjamin(e) OR le/la dernier(e)-né(e) (last born), fils (son), fille (daughter/girl), jumeau(x) (male twins), jumelle(s) (female twins), tante (aunt), là-bas (over there), loin de (far from), centre ville (city centre/heart of the town), connaître (to know), les pays européens (European countries), voyager (to travel).

Etudiez ces conjugaisons
Study these conjugations

CONNAITRE
Je connais (I know)
Tu connais (You know)
Il/Elle connaît
(He / She knows)

Nous connaissons (We know)
Vous connaissez (You know)
Ils/Elles connaissent
(they know)

VOYAGER
Je voyage (I travel / I am travelling)
Tu voyages (You are travelling)
Il/Elle voyage (He/She travels/is
                              travelling)

Nous voyageons (we travel, etc)
Vous voyagez (same as TU)
Ils/Elles voyagent (they travel)

USE OF « CONNAITRE »
This verb is used when we say that we know places or people. It can also be used when we mean to say that we know somebody's name. For example:
  ❖ Je connais le président du Nigéria.
  ❖ Vous connaissez le cinéma Silverbird ?
     (Do you know Silverbird Cinema?)
  ❖ Oui, nous connaissons le cinéma Silverbird.
  ❖ Tu connais le nom de la fille là-bas ?
     (Do you know the name of the girl over there?)
  ❖ Ils connaissent bien les pays africains.
     (They know African countries well)
  ❖ Elles connaissent Beyoncé.
     (They know Beyoncé).

EXERCICE 8A
Essayez de conjuguer les verbes suivants. Suivez le modèle en leçons 4 & 6 (HABITER, PARLER)
(Try and conjugate the following verbs). Follow the model in lessons 4 & 6 for HABITER and PARLER).

Conjugate also TRAVAILLER (to work) DÉMEURER (to live)
NOTE: Pour les réponses voir corrigés !

Other constructions
Belle-fille/bru (daughter-in-law), beau-frère/Gendre (son-in-law), beau père (father-in-law), belle-mère (mother-in-law), belle-famille (in-laws), arrière-grand-parents (great grand parents), demi-soeur (half sister), demi-frère (half brother), petite-fille (grand daughter), petit-fils (grand son), grand-mère (grand mother), grand-père (grand father), petits-fils (grand children), neveu (nephew), nièce (niece), oncle (uncle), cousin/cousine (cousin)

TIPS ON GRAMMAR

1.   LES AUTRES PRONOMS SUJET
(Other subject pronouns)
These are not really emphasized in the English language.

Observe the following examples:
- ◆ Lui, il s'appelle M. Boujou (*He, his name is Mr. Boujou*)
- ◆ Moi, je m'appelle Lynda (*Me, my name is Lynda*)
- ◆ Elle, elle est professeur. (*She, she is a teacher*)
- ◆ Toi, tu t'appelles comment? (*You, what is your name?*)
- ◆ Nous, nous avons vingt deux ans. (*We, we are 22 years old*)
- ◆ Vous, vous habitez où? (*You, where do you live?*)
- ◆ Eux, est-ce qu'ils travaillent là-bas? (*They, do they work over there?*)
- ◆ Elles, elles ne sont pas étudiants. (*They, they are not students*).

We can place them at the end. E.g.
     Il s'appelle M. Boujou, lui.
These pronouns (highlighted) are for emphasis as in the above cases. They do not add to the real meaning of the sentences.
They are best used in answering emphatic questions, that is, questions where they are employed as object complement.
For example
A: Elle s'appelle Linda et lui ? (*Her name is Lynda, and he?*)

B : Lui, il s'appelle M. Boujou. (He, his name is Mr. Boujou)

A : Je m'appelle Fred et toi ? (My name is Fred and you?)
B : Moi, je m'appelle Lynda.(Me, my name is Lynda).

A : Nous, nous habitons à Vancouver, et vous ? (We live i n Vancouver and you?)
B : Nous, nous habitons à Philadelphia. (We, we live in Philadelphia).

Lisez les phrases suivantes (Read the following sentences)
A : Henri, qui c'est? (Who is Henri?)
B : C'est moi. (It's me).
A : Le professeur, c'est qui? (Who is the teacher?)
B : C'est elle (it's her).
A : Qui est le médecin? (Who is the doctor?)
B : Le médecin, c'est lui (it's him).
A : Le champion, qui c'est?
B : C'est vous / C'est toi (it's you).

Observe the use of « lui, toi, elle, etc » as compliments, contrary to their use as subject in the earlier explanation.
MORE ON « QUI C'EST » / « C'EST QUI ? » OR « QUI EST-CE ? »

BAYO   ANNIE
Nigérian   Malienne
9 ans   11 ans
2 Ajoke road, Lagos   36 rue Ismaïlo, Bamako

EXERCICE 8B
Now answer the rest of the questions by looking at the information on the photos.
(1) Qui est le garçon?   (5) Qui est la fille ?
(2) Il a quel âge?   (6) Elle a quel âge?
(3) Où est-ce qu'il habite?   (7) Elle habite où?
(4) Il est ivoirien ?   (8) Elle est nigériane?
NOTE : Pour les réponses voir corrigés !

2.   L'ACCORD (AGREEMENT)

Dans la langue française, les verbes, les adjectifs et les déterminants comme les articles s'accordent toujours avec les noms qu'ils modifient ou qualifient. Ils s'accordent en nombre (singlulier ou pluriel) et en genre (masculin ou féminin). Dans le text, nous en avons plusieurs comme dans les cas suivants :
(In French language, verbs, adjectives and determinants like the articles always agree with the nouns that they modify or qualify. They agree in number (singular or plural) and gender (masculine or feminine). In the passage, we have quite a lot of such aspects as in the following):

[a] Le premier-né (All words are masculine and singular because the person OR object in question is masculine and singular).
[b] La derniere-née (All words are feminine and singular because the person / object that it qualifies is feminine and singular)
[c] Son frère aîné. (All words are masculine)
[d] Tous les enfants (All words are masculine and plurals because more than one person/object is being referred to)
[e] Ses deux fils sont des jumeaux (same as above)
In the above examples, there are agreements in both number and gender.

3. L'ADJECTIF « TOUT »

This adjective has four forms:
TOUT (masculine/singular),   TOUTE (feminine/singular)
TOUS (masculine/plural)   TOUTES (fem/plural)
Naturally, they agree with the noun they qualify.

EXERCICE 8C
Now fill the spaces with the correct form of « TOUT »
(Remember, the adjective agrees with the word that follows it. These words are in bold letters. Please, use your dictionary to verify the gender of the underlined nouns or go with the gender and number of the article that precedes the noun, that is: LE [masc], LA [fem] or LES - pluriel masculine or feminine).

1. M. Diallo aiment _____ **les étudiants**.
2. Elle travaille _____ **la journée**.
3. _____ **les femmes** viennent.
4. Nous mangeons _____ **le riz**.
5 On fait _____ **les devoirs**.
6. _____ **le monde** est là.
NOTE : Pour les réponses voir corrigés !

EXEERCICE 8D
Questions (Les membres de la famille Diallo)
(1) Combien d'enfants ont M. et Mme Diallo?
(2) Qui est le premier-né?
(3) Est-ce que Diara est le dernier-né?
(4) Pierrette a quel âge?
(5) Et vous, vous avez quel âge?
(6) Qui sont les jumeaux?
(7) Est-ce que M. Diallo est l'oncle des jumeaux?
(8) Pierrette a combien de frères?
(9) Où travaillent des jumeaux?
(10) Comment s'appellent les frères de Pierrette?
(11) Combien de filles a M. Boujou?
(12) Comment s'appelle la tante de tous les enfants ?
NOTE : Pour les réponses voir corrigés !

DICTÉE LEÇON 8
Écoutez attentivement le disque et écrivez ! (Listen attentively to the CD and write).
Pour la transcription, voir CORRIGÉS ! (For the transcription, see corrections !

À LA PLAGE

At the beach

Taiwo et Ada vont à la plage avec leurs amis, Winock et Monique. Winock est le copain de Taiwo et Monique, la copine d'Ada. Ils arrivent à la plage et ils voient les gens qui nagent dans l'eau. Taiwo aime beaucoup nager mais il préfère danser. Alors, il va se joindre aux musiciens qui jouent des tam-tams et des trompettes.

Monique et Ada vont à la buvette pour acheter des boissons. Ada déteste le thé, mais elle adore le café et elle sait préparer le café. Monique aime beaucoup le thé mais elle préfère boire du jus de fruit.

Winock cherche Taiwo. Il n'aime pas du tout la natation mais il aime un peu la danse. Dans la buvette, Monique et Ada achètent des boissons. Elles parlent au barman.

MONIQUE : Bonjour, vous avez des boissons ?
BARMAN : Oui, j'ai du thé, du café, de la bière, du vin et du jus de fruits. Lesquels voulez-vous ?
ADA : Moi, je veux un café et mon amie veux un thé.
MONIQUE : Non, je veux un jus de fruit.
BARMAN : Vous n'aimez pas le thé ?
MONIQUE : Si, j'aime le thé, mais je préfère le jus de fruit.

ADA: Nous voulons aussi du sandwich.
BARMAN: Les voilà.

VOCABULAIRE

Vont (from ALLER to go ; conjugated as: je vais, tu vas, il OR elle va, nous allons, vous allez, ils OR elles vont), plage (beach), copain/copine (pal/friend), nager (to swim), chanter (to sing), la natation/nage (swimming), vouloir (to want), savoir (to know), danser (to dance), la danse (dance - a noun), la buvette (refreshment stall), voir (to see), acheter (to buy), les gens (people), boire (to drink), tam-tam (tom-tom / drum), boisson (drink *a noun*), lesquels (which ones).

TIPS ON GRAMMAR

1. GOÛTS ET PRÉFÉRENCES (Tastes and preferences)

Pour parler de goûts et préférences, on emploie les verbes: (when talking about tastes and preferences, we use the verbs) : Préférer (to prefer), détester (to dislike), aimer (to like/to love), adorer (to adore) et les adverbes de quantité (and the adverbs of quantity): beaucoup (a lot/so much), un peu (a little), pas du tout (not at all).
As in the following
[a] Taiwo aime nager mais il préfère danser.
(Taiwo likes swimming but he prefers dancing)
[b] Ada déteste le thé mais adore le café.
(Ada dislikes tea but she adores coffee)
[c] Monique aime beaucoup le thé, mais elle préfère prendre le jus de fruit.
[d] Il n'aime pas du tout la natation mais il aime un peu la danse.

The verb « vouloir » (to want) and « Savoir » (to know) can also be used when talking about « taste and preferences ». First here are their conjugations

Vouloir
Je veux
Tu veux

Savoir
Je sais
Tu sais

AT THE BEACH

Il/Elle veut	Il/Elle sait
Nous voulons	Nous savons
Vous voulez	Vous savez
Ils/Elles veulent	Ils/Elles savent

« Vouloir » can be used to express what one wants to eat or drink.
   E.g.
Je veux un jus de fruit. (I want fruit juice)
Nous voulons aussi du sandwich. (We also want some sandwich)

We can also place 2 verbs side by side to give the same meaning. E.g. Je veux boire un jus de fruit (I want to drink fruit juice) Nous voulons manger du sandwich. (We want to eat sandwich).

NOTE:
Whenever two verbs follow each other, the 2nd one remains in the infinitive (that is not conjugated). So while « vouloir » is conjugated in the two examples, the other verbs « boire » (to drink) and "manger" (to eat) are left in the infinitive.
The verb « **Savoir** » is used when we are talking about "a know-how" OR skill. It is more of an internal Or intellectual reference.

For example:

- ❖ Elle **sait** préparer du café (literarily "she knows to prepare coffee". However, this means "she knows how to prepare coffee" or simply "she can prepare coffee".
- ❖ Je **sais** nager (literarily "I know to swim"). However this means, "I can swim" or "I know how to swim").
- ❖ Elle ne **sait** pas chanter ("She can't sing" or "she doesn't know how to sing").
- ❖ Est-ce que vous **savez** écrire une lettre ? (Do you know how to write a letter?)

Furthermore, we can alternate this verb with another important verb

POUVOIR (*to be able*). The conjugation is:
Je peux (I can/I am able)
Tu peux (You can/you are able)
Il /Elle peut (He /She can/he or she is able)
Nous pouvons (we can/we are able)
Vous pouvez (Same as TU)
Ils /Elles peuvent (They can/we are able)

While SAVOIR expresses what one knows how to do (like a skill), POUVOIR expresses what one is willing and able to do per time. For example:

A: Je sais chanter mais je ne peux pas chanter dans la boîte de nuit. (I know how to sing but I can't sing at the night club).

B: Nous savons jouer au football mais nous ne pouvons pas jouer avec Kanu Nwankwo.
(We know how to play football but we cannot play with Kanu Nwankwo).

C: Hampété sait pêcher et il peut même pêcher au fleuve Congo.
(Hampété can fish and he can even fish at the River Congo)

D: Elle sait préparer le café et elle peut préparer du café pour dix personnes.
(She knows how to prepare coffee and she can prepare coffee for 10 people).

2. NOUN/VERB EXPLOITATION
Sometimes nouns can replace verbs to get the same meaning, or verbs can replace nouns, as in the following examples: (observe the underlined words).
1.   (a). J'aime la pêche (noun)
        (b) J'aime pêcher (verb).

The two sentences above have the same meaning, "I like fishing" although the verb « pêcher » means "to fish". The same goes for the ones below.
2.   (a). Elle adore le saut (noun).
        (b) Elle adore sauter (verb).
        (She likes jumping/skipping)
3. (a). Nous préférons le chant.

(b) Nous préférons chanter.
   (We prefer singing)
4. (a) Ifeoma déteste la chasse.
   (b) Ifeoma déteste chasser.
   (Ifeoma dislikes hunting)
5. (a) Tu aimes te promener ?
   (b) Tu aimes la promenade ?
      Do you like strolling ?)

L'EMPLOI DE « SI » (THE USE OF « SI »).
   « **Si** » is a positive response/answer to a negative question.
   « **Oui** » is a positive response/answer to a positive question
   « **Non** » is a negative response/answer to both negative and positive questions.
Questions/réponses:
1. A : Tu n'aimes pas le volleyball? (negative question)
      (Don't you like volleyball?)
   B : **Si**, j'aime le volleyball. (Yes, I like volleyball).
   C : Non, je naime pas le volleyball. (No, I don't like volleyball).

2. A : Tu aimes le volleyball? (positive question)
      (Do you like volleyball ?)
   B : **Oui**, j'aime le volleyball. (Yes, I like volleyball)
   C : Non, je n'aime pas le volleyball. (No, I don't like volleyball).

3. A : Tommy n'aime pas les confitures? (Doesn't Tommy like jam?)
   B : **Si**, il (Tommy) aime les confitures.
      (Yes, he (Tommy) likes jam)
   C : Non, il (Tommy) n'aime pas des confitures.
4. A : Tommy aime les confitures ?
   B : Oui, il aime les confitures.
   C : Non, il n'aime pas les confitures.
5. A : Ojo ne déteste pas ecouter la radio? (Doesn't Ojo like listening to the radio ?)
   B : **Si**, il déteste écouter la radio. (Yes, he like listening to the

radio)
C : Non, il ne déteste pas écouter la radio. (No, he does not like listening to the radio)

6 : A : Ojo déteste écouter la radio ?
   B : Oui, il déteste écouter la radio.
   C : Non, il ne déteste pas écouter la radio.

EXERCICE 9A
Ecrivez en Anglais. (Write in English)
(1) Audu ne sait pas chanter.
(2) Est-ce que tu veux un thé ?
(3) Il ne peut pas écrire une lettre.
(4) Nous voulons voir le roi.
(5) Elles peuvent faire du tennis.
(6) Est-ce que Jean sait jouer au football ?
(7) Veut-il aussi du thé?
(8) Je peux danser le « R and B » devant tout le monde.
NOTE : Pour les réponses voir corrigés !

ETUDIEZ AUSSI CES CONJUGAISONS

Préférer	**Aimer**
Je préfère	J'aime
Tu préfères	Tu aimes
Il/Elle préfère	Il/Elle aime
Nous préférons	Nous aimons
Vous préférez	Vous aimez
Ils préfèrent	Ils/Elles aiment

EXERCICE 9B
Maintenant conjuguez les verbes : « adorer » et « détester » en suivant le modèle de verbes en ER comme « préférer » et « aimer » ci-dessus. (Now conjugate the verbs « adorer » and « détester » by following the model of conjugation for ER verbs like « préférer » and « aimer » above).

NOTE : Pour les conjugaisons voir corrigés !

ANOTHER USE OF THE PREPOSITIONS « voici » and « voilà »

AT THE BEACH

Les prépositions « voici » et « voilà » servent aussi à introduire ou à annoncer une personne/des personnes ou une chose/des choses. De cette façon, elles viennent après un pronom. (The prepositions « voici/voilà » help in introducing or announcing a person/persons or a thing/ things. In this way, they come after a pronoun).

LE, LA, LES s'emploient à la fois comme les articles définis et les pronoms d'objets et ils se combinent avec VOICI et VOILA pour présenter ou pour annoncer. Par exemple :
(Apart from serving as definite articles, « le, la, les » also serve as object pronouns, and they combine with VOICI and VOILA when presenting or announcing. For example):
✓ Les voilà. (There they are)
✓ Les voici (here they are).
Ce qui est annoncé ici est au pluriel. Voilà pourquoi on a employé « LES ». Devant « VOICI » ou « VOILA », le pronom doit s'accorder en nombre et en genre avec ce qu'il introduit. Etudiez les dialogues suivants !
(What is being announced here is more than one. Hence, the plural form "les". When used before "voici or voila", the pronoun must agree in number and gender with what it is introducing or announcing. Study the following dialogues):

A: Où est Kusi? (Where is Kusi?)
B: Le voilà. (There he is)
A: Kusi, où es-tu? (Kusi, where are you ?)
B: Me voici. (Here I am)
A: Où est ma chemise? (Where is my shirt ?)
B: La voilà (there it is)
A: Et ma mère?
(And my mother?)
B: La voici (here she is)
A: Où est le livre français? (Where is the French textbook?)
B : Le voici (here it is)
A: Où est ton père ?
B : Le voilà.(there he is)
A: Je cherche mes parents ? (I am looking for my parents)
B: Les voilà. (There they are)

Les voici. (Here they are)

EXERCICE 9C
QUESTIONS (À la plage)
(1) Selon le texte, qui aime beaucoup la natation?
(According to the passage, who likes swimming a lot?)
(2) Est-ce que Winock déteste la danse?
(3) Qui adore le café, Ada ou Monique?
(4) Qui préfère boire du vin?
(5) Est-ce que Taiwo adore le chant?
NOTE : Pour les réponses voir corrigés !

EXERCICE 9D
Maintenant répondez à ces questions:
(1) Vous n'adorez pas le volleyball?
(2) Est-ce qu'Isioma préfère le sport?
(3) Tu n'aimes pas du tout le thé?
(4) Et toi, est-ce que tu détestes le jus d'orange?
(5) Vous ne détestez pas la chasse?
(6) Ton frére, il aime un peu les films africains?
(7) Elle n'aime pas du tout le football?
(8) Est-ce que vous adorez le café?
(9) Est-ce que vous détestez le cinéma?
(10) Vous n'aimez pas chanter?
NOTE : Pour les productions possibles, voir corrigés !

DICTÉE LEÇON 9
Écoutez attentivement le disque et écrivez !
(Listen attentively to the CD and write).
Pour la transcription, voir CORRIGÉS !
(For the transcription, see corrections!)

Leçon 10

QUELLE HEURE EST-IL?
What time is it ?

Il est 8h 50 (huit heures cinquante) et les élèves de l'École Secondaire Bilingue Renée sont tous dans la classe. Les professeurs enseignent dans toutes les classes sauf dans la classe de cadette 3. (It is 8.50 and the pupils of Renée Bilingual Secondary School are in the class. The teachers are teaching in all the classes except in Junior secondary 3 [JSS 3]).

LE CENSEUR :	Quelle heure est-il?
LE RESPONSABLE :	Il est 8h 50 (huit heures cinquante), monsieur.
LE CENSEUR :	A quelle heure commence les cours ?
LE RESPONSABLE :	A 8h 30 (huit heures trente).
LE CENSEUR :	Vous n'avez pas de cours ce matin ?
LE RESPONSABLE :	Si, nous avons le Français.
LE CENSEUR :	Où est le professeur ?
LE RESPONSABLE :	Il n'est pas là.
LE CENSEUR :	C'est qui ?
LE RESPONSABLE :	C'est M. Dikko.
LE CENSEUR :	M. Dikko ? Où est-il ?
LE RESPONSABLE :	Il est dans la salle des professeurs. Il arrive en retard.
LE CENSEUR :	C'est vrai ? Il est en retard ?
LE RESPONSABLE :	Oui, monsieur.
LE CENSEUR :	Ca va. Appelle M. Dikko !

WHAT TIME IS IT ?

Heure (hour/time), bilingue (bilingual), enseignent (FROM enseigner to teach), sauf (except), censeur (principal), le responsable (the prefect), il faut (it is necessary/one should), cours (courses OR classes), salle des professeurs (teachers' room), en retard (late).

OTHER CONSTRUCTIONS

La grande aiguille- (long hand/minute hand), La petite aiguille (short hand), la trotteuse (second hand), l'horloge/la pendule (clock), le clocher (church bell), la montre (wristwatch), le réveil (alarm clock), mettez le réveil à 8 heures (set the alarm for 8 o'clock), ma montre retarde (my watch is slow), l'horloge avance (the clock is fast).

COMMENT DIRE L'HEURE (Telling the time)
Pour en savoir plus (More on time)

Quelle heure est-il ?
7.00 Il est sept heures (It is seven o'clock)
10.15 - Il est dix heures et quart, (It is a quarter past ten),
OR :   Il est dix heures quinze (It is fifteen past ten). 10h15

11.30 - Il est onze heures trente (It is eleven thirty),
OR :   Il est onze heures et demie (It is half past eleven).

12.00 - Il est midi (It is midday).
        Il est douze heures (It is 12 o'clock).
1.00 - Il est une heure. (It is one o'clock)   1h 40
1.40 - Il est une heure et quarante (It is one forty).
OR :   Il est deux   heures moins vingt (It is twenty minutes to two)

2.45 - Il est deux heures et quarante-cinq   2h 45
        (It is two forty-five)
OR :   Il est trois heures moins quinze (It is fifteen minutes to

three) OR : Il est trois heures moins le quart (It is a quarter to three)

3.58 - Il est trois heures et cinquante-huit (It is three fifty-eight).
OR : Il est quatre heures moins deux (It is two minutes to four).

4.04 - Il est quatre heures quatre (It is four minutes past four).
5.13 - Il est cinq heures et treize (It is thirteen minutes past five).

We can go as far as telling the time using the GMT. For example:
19.19 - Il est dix-neuf heures et dix-neuf
(It is ninteen hours nineteen).
16.35 - Il est seize heures trente-cinq
(It is sixteen hours thirty-five)

OR: Il est dix-sept heures moins vingt cinq
(It is twenty-five minutes to seventeen hours).

20.30 - Il est vingt heures trente
OR : Il est vingt heures et demie.
21.59 - Il est vingt et une heures cinquante neuf
OR Il est vingt deux heures moins une minute

0.00 - Il est zéro heure OR : Il est minuit.
(It is zero hour/It is midnight).

(0h 00)

NOTEZ LES DETAILS SUIVANTS
(Note the following details)
A) In 1.00 « il est une heure », the word « heure » is singular it has to agree with 1.00 (one o'clock). « Une » is feminine because « heure » is feminine.
b) It is worthy to note that «heure» means "hour" in English. Therefore, « Il est dix heures quinze » literally means « it is ten hours fifteen ».
c) We use « moins » to express TO when telling the time and it a sign of subtraction (minus). When we use it we add an hour to the time we want to express.

For example:
8.53 would be expressed in two ways: (observe the underlined)
(i) Il est huit heures cinquante-trois. (It is eight fifty-three).

OR (ii) Il est neuf heures <u>moins sept</u> (It is seven minutes to nine).

In the same way, 22.45 would be expressed thus:
(I) Il est vingt-deux heures quarante-cinq.
(It is twenty-two hours forty-five),
OR: (ii) Il est vingt-trois heures <u>moins quinze</u> / <u>moins</u> le quart
(It is fifteen minutes to twenty three hours OR a quarter to twenty-three hours).

d)   The use of MINUTE or MINUTES is optional. E.g;
❖   Il est dix heures et quinze minutes.
❖   Il est vingt deux heures moins une minute OR SIMPLY:
❖   Il est dix heures quinze.
❖   Il est vingt deux heures moins une.

EXERCICE 10A
Quelle heure est-il ?
(1) 20h 20   (2) 14h 57   (3) 23h 50   (4) 1h 04
(5) 8h 08   (6) 0h 32   (7) 6h 18   (8) 9h 26

FURTHER EXPRESSIONS OF TIME

ÊTRE EN RETARD or ARRIVER EN RETARD means to be late OR to arrive late. En voici des exemples: (Here are some examples):
❖ Il arrive en retard à l'école (he arrives late to school).
❖ Vous êtes en retard aujourd'hui (you are late today).

ÊTRE À L'HEURE or ARRIVER À L'HEURE means to be on time OR to arrive on time. Par exemple:
❖   J'arrive toujours à l'heure, (I always arrive on time).
❖   Vous arrivez à l'heure au rendez-vous (You arrive on time to the appointement/date/meeting).
❖   Nous sommes à l'heure (we are on time)

ÊTRE EN AVANCE or ARRIVER EN AVANCE means "to be early" OR "to arrive early".
Par examples:
❖ Arrivent-elles en avance? (Do they arrive early?).

❖ Tu es souvent en avance. (You are often early).
❖ Le travail commence à 7h 45. Bimpe arrive à 7h 30. Elle arrive en avance. (The work starts at 7.45. Bimpe arrives at 7.30. She arrirves early).

TIPS ON GRAMMAR

1. LES ADJECTIFS DÉMONSTRATIFS
   Les adjectifs demontratifs: « CE, CET, CETTE » et « CES » sont répresentés en Anglais par "this/that" et "these/those". (Demonstrative adjectives « ce, cet, cette » and « ces » are represented in English by « this/that » and « these/those »).

Par exemple: **Ce** matin (this/that morning), **ce** garçon (this/that boy), **cette** case (this/that hut), **ces** ordinateurs (these/those computers), **ces** femmes (these/those women).

L'emploi:
«**Ce**» comes before masculine singular beginning with a consonant.
«**Cet**» comes before masculine singular beginning with a vowel or an H.
«**Cette**» comes before feminine singular.
«**Ces**» is for all the plurals; whether masculine and feminine.

LES EXEMPLES (*Masculin*)
(1) **Ce** garçon est plus intélligent que l'autre garçon.
(**This** boy is more intelligent than the other boy)
(2) **Cet** arbre n'est pas vieux. (**This** tree is not old).
(3) **Cet** homme est bavard. (**This/that** man is a talkative).
(4) **Ce** stylo est en plastique. (**This/that** pen is made of plastic).
LES EXEMPLES (*Féminin*)
(1) Je ne prends pas **cette** montre.
(I am not taking **this** wristwatch).
(2) **Cette** année, l'harmattan est très sévère.
(**This** year, harmattan is very severe).
(3) **Cette** ville n'a pas de Centre culturel
(**This** town does not have a Cultural Centre).

LES EXEMPLES (*Pluriel*)

(1) Je n'aime pas **ces** bâtiments.
(I don't like **these** buildings).
(5) **Ces** enfants sont stupides.
(**These** children are stupid).
(6) **Ces** appartements sont trop chers.
(**These** apartments are so expensive).

EXERCICE 10B
Maintenant, complétez ces trous ! (Now fill these spaces!):
(1)_____arbres   (2) _____bible (nf)
(3)___parapluie (nm)   (4) _____rideau (nm)
(5)_____téléphone (nm)   (6) _____ cochons.
(7) _____chateaux.   (8)_____hôtel (nm)
(9)_____chemise (nf)   (10) _____pays
(11)_____cuisine (nf)   (12) _____chambre (nf)
NOTE : Pour les réponses voir corrigés !

EXERCICE 10C
Ecrivez en français (Write in French)
(1) This umbrella is big.
(2) That clock is brand-new.
(3) Those dogs are hungry.
(4) These houses are old.
(5) This town is quiet.
NOTE : Pour les réponses voir corrigés !

2. LES PREPOSITIONS DE LIEU
Look at the diagram and read the sentences that follow!

(a) Les étudiants sont dans la classe.
(b) Les fenêtres sont à gauche des étudiants.
(c) Le tableau est derrière le professeur.
(d) Le professeur est devant la classe.
(e) La porte est à droite du professeur.
(f) L'étagère est à côté du professeur.
(g) Jerry est au milieu de la salle de classe.
(h) Adia est au fond de la salle.

(i) La poubelle est à l'extérieur.

(j) A l'extérieur aussi, il y a des palmiers, des orangers, et des cocotiers.

Les prépositions dans les phrases ci-dessus sont
(The prepositions in the sentences above are):
Dans (in), à gauche (by the left), à droite (by the right), derrière (behind), devant (in front of), au milieu (in the middle), au fond (at the end of OR at the extreme), autour de (around), à côté de (beside), en face de (opposite), sur (on), sous- (under), étagère (shelf), au bord de (beside/along/by the side of).
EXERCICE 10D

Use the diagram below to answer the following questions:

(1) Où jouent les enfants ?
(2) Où est le jardin ?
(3) Où est le parc de stationnement ? (Where is the car park?)
(4) Où est le censeur ?
(5) Où est le calendrier ?
(6) Qu'est-ce qu'il y a sur la table ?
(7) Où est la cuvette ? (Where is the wash bowl?)
NOTE : Pour les productions possibles, voir corrigés !

DICTÉE LEÇON 10
Écoutez attentivement le disque et écrivez !
(Listen attentively to the CD and write).
Pour la transcription, voir CORRIGÉS !
(For the transcription, see corrections !

CHEZ LE TAILLEUR
At the tailor's

Monsieur Ojukwu tient une grande maison de couture dans le quartier Ikeja à Lagos. Tout le monde le connaît. Il ouvre son magasin très tôt le matin et il le ferme très tard la nuit. Aujourd'hui, Yomi vient chez lui pour se faire un kaftan.

(Mr Ojukwu runs a big fashion house in the Ikeja area of Lagos. Everybody knows him. He opens his shop very early and closes very late in the night. Today, Yomi comes to his place / shop to make a Kaftan).

YOMI : Bonjour, monsieur.
M. OJUKWU : Bonjour, Yomi, comment vas-tu?
YOMI : Bien merci. Je voudrais faire un kaftan, quelque chose à la mode.
M. OJUKWU : Tu as un tissu?
YOMI Oui, trois mètres, ça suffit?
M. OJUKWU : Sans doute. Voici un catalogue. Choisis une mode !
YOMI : Non, je veux un kaftan simple mais à la mode, avec une broderie.
M. OJUKWU : D'accord. Quelles sont tes mesures? Attends, je vais sortir mon mètre ruban et je prends tes mesures. C'est à manches longues ou courtes ?
YOMI : À manches longues mais pas larges.
M. OJUKWU : La longueur de kaftan 26 centimètres, épaule 13 cm,

la poitrine 11 cm, le cou 8 cm, le tour de taille 20c
m. C'est fini. Ton habit va être très beau.

YOMI : Très bien.   Quand est-ce que je peux venir
chercher le kaftan?

M.OJUKWU : Viens dans deux semaines

YOMI : Ça va. Au revoir, Monsieur.

M. OJUKWU : Au revoir, Yomi.

VOCABULAIRE

À la mode (current / in vogue), trois mètres (three yards), ça
suffit? (is that enough?), la mode (style), broderie (embroidery),
mesures (measurements), mètre ruban (measuring tape), à
manches longues (long sleeves), à manches courtes (short
sleeves), longueur (length), la tour de taille (waist
measurement), venir chercher (to come and collect).

DIRE LA TAILLE (Giving one's size)

TAILLE: This word means SIZE and we use it to give size of cloth.

Consequently, the question: «QUELLE EST VOTRE TAILLE? »
(What is your size?) Can be answered thus:

GRANDE (Big), LARGE (Large), PETITE (small), MOYENNE
(medium).

However, we can make use of some adjectives like :

Long / longue (long), court/courte (short), étroit(e) (tight),
serré(e) (tight), neuf/neuve (new), tout fait OR prêt à porter
(already made).

POINTURE: This means SIZE (of shoe, gloves, etc). When
choosing a shoe, the seller or shopkeeper would normally ask
«QUELLE EST VOTRE POINTURE?» Or «QUELLE
POINTURE FAITES-VOUS?» (What shoe size are you?). The
buyer replies:

JE FAIS DU 38 (I wear size 38).

JE FAIS DU 40 (I wear size 40).

ETUDIEZ LES PHRASES SUIVANTES ! (Study the following sentences !)

❖ Le pantalon est très grand.
(The trouser is too big)

❖ Ces chaussures sont un peu serrées.
(These shoes are a bit tight).

❖ Elle porte une jupe courte et étroite.
(She is wearing a short and tight skirt)

❖ Est-ce que cette chemise me va ?
(Does this shirt fit me?)

❖ Oui, elle vous va très bien.
(Yes, it fits you very well)

❖ Choisissez un jumper brodé !
(Chose an embroidered jumper !)

❖ Quel look/Quel style   aimez-vous ? (What look OR appearance do you like?)

❖ J'aime le look/le style sport
(I like a sporty look or appearance)

❖ Ne choisissez pas ce tee shirt ! Il est trop petit.
(Don't take this t-shirt. It is too small).

NOTE: The use of LOOK in French is colloquial.

DIFFERENT TYPES OF WEAR
Below is a list of wears. Study them carefully and use them in sentences by using the verbs under TIPS ON GRAMMAR.

Un pantalon (trousers), un pantalon carrelé/un pantalon à carreau (chequered trousers), costume (costume OR suit), costume trois pièces (three-piece suit), un costume national (national costume), une robe de soirée (evening gown), une jupe (skirt), une jupe à carreau (a chequered skirt), un chapeau (hat), des chaussures à haut talon (high-heeled shoes), des chaussures sans talon (flat / heeless shoes), une   veste (coat/suit), un chemisier (blouse), un chemisier à fleurs (a flowery OR a flower patterned blouse), une chemise (shirt), une chemise à carreau bleu (a blue chequered shirt), un manteau (a coat), une chaussette (stocking), des sandales (sandals), des pantouffles (slippers), un gant (glove), un foulard (scarf), une écharpe (shawl), une cravate (a tie), un nœud papillon (a bow tie).

Un **agbada**, une pagne (wrapper OR loin cloth), un **buba**, une botte (boot), des chaussures en toile/des baskets (canvas), un basket (canvas), rayé(e) (striped), un tee-shirt rayé (a striped t-shirt), des bijoux (jewelries), bijoux en argent (gold jewelries), bijoux en argent (silver jewelries)

1.   LES VERBES

PORTER, METTRE, ESSAYER ET CHOISIR
Nous employons les 4 (quartre) verbes ci-desssus lorsque nous parlons des vêtements et de la couture. Voici leurs conjugaisons: (The four verbs above are used when we are talking about clothing and fashion. Here are their conjugations).

PORTER
Je porte
Tu portes
Il / Elle / On porte
Nous portons
Vous portez
Ils / Elles portent

METTRE
Je mets
Tu mets
Il / Elle / On met
Nous mettons
Vous mettez
Ils / Elles mettent

ESSAYER
J'essaie
Tu essaies
Il / Elle / On essaie
Nous essayons
Vous essayez
Ils / Elles essaient

CHOISIR
Je choisis
Tu choisis
Il / Elle/ On choisit
Nous choisissons
Vous choisissez
Ils / Elles choisissent

PORTER:
This verb means "to carry", "to bear", "to wear" or "to put on (cloth)".
For example:
❖ En Afrique, les femmes portent des pagnes et des

chemisiers. (In Africa, women « wear » wrapper and blouse)
- ❖ Pour mon anniversaire, je porte un complet tout neuf.
  (For my birthday, I am wearing an all-new suit).
- ❖ Les gens de quelques tribus au Nigéria portent des fardeaux
  au dos.

(The people of some tribes in Nigeria carry load on the back).

METTRE: This means "to put" or "to put on". E.g;
- ❖ En Afrique, les femmes mettent des
  pagnes et des chemisiers.
- ❖ Pour mon anniversaire, je mets un complet
  Tout neuf.
- ❖ Mettez cette cassette dans sa boîte !

(Put this cassette in its box / pack!).

ESSAYER: "to try" or "to try on a cloth" or "to test".   For example:
- ❖ J'aime essayer des habits dans les magasins
  (I like testing cloths in the shops).
- ❖ Il essaie deux chemises blanches.
  (He is trying on two white shirts).
- ❖ Le mécanicien essaie de forcer la porte
  (The mechanic is trying to force (open) the door).
- ❖ Il faut essayer de manger. (you should try to eat)

CHOISIR: This verb means "to chose" OR "to pick". Here are
some sentences.
- ❖ Qu'est-ce que vous choisissez, le short ou le pantalon?
  (Which one do you chose; the short or the trousers).
- ❖ Je choisis le pantalon.
- ❖ Nous choisissons cette partie. (We are chosing this part)

LOOKS AND FAVOURITES
Etudiez bien ces dialogues !
A   Quel look aimez-vous ?
      (Which look or appearance do you like?).
B   J'aime le look habillé
      (I like a dressy or smart appearance OR look).
C   Moi, j'aime le look décontracté.
      (I like a casual look)

D   Quelle est votre tenue préférée ?
     (What is your favourite wear?)
E   Ma tenue préférée c'est le jean, le tee shirt et les chaussures en toile.
F   Ma tenue préférée c'est le boubou traditionnel et les sandales sans talon.
G   Pour aller à la soirée, que mettez-vous?
H   Je mets un pantalon noir et une chemise rayée rouge et des bijoux en argent.
I   Moi, je mets un pullover jaune et un short, pas de bijoux.

EXERCICE 11A
Répondez aux questions suivantes !
1   Qu'est ce que vous choisissez dans une boutique ?
2   Quelle est votre pointure?
3   Vous adorez le look habillé ou le look décontracté?
4   Qu'est-ce que vous préférez, des chaussures ou des sandales ?
5   Quelle est votre tenue préférée ?
     Pour les productions possibles, voir corrigés !

2 .L'ADJECTIF INTERROGATIF - QUEL
There are four forms namely:

Singulier	Plural	
Masculin	Quel	Quels
Féminin	Quelle	Quelles

These agree in number and in gender with the nouns that they modify. Study the following examples:

A   **Quel** est votre nom? (What is your name?)
B   **Quel** âge avez vous? (How old are you?)
C   **Quelle** est votre profession? (What is your profession?)
D   **Quelle** musique aimez-vous? (What /which music do you like?)
E   **Quels** chanteurs préférez-vous? (Which singers do you prefer?)

F **Quelles** professions font-ils? (What professions OR occupations do they do?)

G **Quelles** sont leurs professions? (What are their professions?)

NOTE: In sentence (a) QUEL agrees with the noun NOM, which is masculine and singular. In (b), it agrees with the noun AGE, which is also masculine and singular. In sentence (c), QUELLE agrees with the noun PROFESSION, which is feminine and singular, while in (d) it agrees with MUSIQUE in (e) QUELS agrees with CHANTEURS which is masculine and plural while in (f) and (g) it agrees with PROFESSIONS, which is feminine and plural.

EXERCICE 11B
Remplissez avec QUEL, QUELLE, QUELS, QUELLES ! Les genres des noms sont entre parenthèses.
(Fill in with "quel, quelle, quels, quelles". The genders of the nouns are enclosed in brackets)
NOTE : F = Feminine, M = Masculine
1 Nous prenons _____ direction? (f)
2 _____ magnétophone achètes-tu? (m)
3 Elle prépare_____ plat ? (m)
4 Nous sortons _____ chaises ? (f)
5 _____ pantalons chosissez-vous? (m)
  Pour les réponses justes voir CORRIGÉS !

EXERCICE 11C
L'Accord des adjectives (suite).
(Agreement of adjectives - contd).
1 J'aime des pantalons _____(étroit / étroite / ` étroits).
2 Une jupe _____ est pratique. (courte / courts / courtes).
3 Ces chaussettes sont _____ (larg / larges / large)
4 La tenue _____ me plaît (habillée / habillé / habillés)
5 Les chaussures sont _____. (serrées / serrée / serrés)

AT THE TAILOR'S

Pour les réponses justes voir CORRIGÉS !

DICTÉE LEÇON 11
Écoutez attentivement le disque et écrivez !
(*Listen attentively to the CD and write*).
Pour la transcription, voir CORRIGÉS !
(*For the transcription, see corrections* !

LA MAISON DE MON PÈRE
My father's house

En classe, le professeur pose des questions aux étudiants. ils répondent l'un après l'autre. (*In the class, the teacher asks the students questions. They answer one after another*).

LE PROF : Laolu, comment est la maison de ton père?

LAOLU : La maison de mon père est une maison à étage. Elle est grande et elle se trouve au bord de la rue Adeniyi Jones. Devant, il y a un beau jardin et derrière, il y a une petite piscine. Mon père aime la natation.

LE PROF : Tu habites dans quelle maison, Mohammed?

MOHAMMED : J'habite avec mes parents dans une très grande villa.

LE PROF : Et elle est comment, cette villa ?

MOHAMMED : Elle est magnifique et moderne. Il y a quatorze pièces ; six chambres, un salon, deux salles de bain. Nous n'avons pas de locataires.

LE PROF : Et Soludo, vous avez des locataires?

SOLUDO : Oui, cinq locataires. La maison de mon père est une maison à deux étages. C'est un immeuble. Il y a six appartements et nous habitions un appartement au deuxième étage.

LE PROF : Où est situé l'immeuble ?
SOLUDO : Il est situé aux *jardins de Victoria*, très près de la plage. Notre maison est moderne.

LE PROF : Très bien. Maintenant, prenez des bouts de papier et dessinez les maisons de vos pères !

VOCABULAIRE

Etre situé à (to be located or situated in); une maison à étage (a storey building); locataire (tenant), une maison à deux étages (a two storey building), immeuble (a block of flats or building of flats), jardins de Victoria (Victoria gardens), dessiner (to draw), une plage (beach), des bouts de papier (pieces of paper), piscine (swimming pool), propriétaire (landlord).

PIECES DE LA MAISON (parts / divisions of a house) :

Le salon (sitting room), la salle de bains (bathroom), la chambre à coucher (bedroom), l'entrée (entrance), la salle à manger (dinning room), la cuisine (kitchen), le rez-de-chaussée (ground floor), les toilettes (toilet), le couloir (passage), le parc (parking space), l'arrière-cuisine (scullery), le couloir (passage), le jardin (garden), le garage (garage), l'ascenseur (lift/elevator).

OBJECTS AT HOME
Le lit (bed), le fauteuil (armchair), la chaise (chair), la table basse (centre table), la table à manger (dinning table), le canapé (settee), l'armoire (cupboard OR wardrobe), le tapis (carpet), le sèche-linge/le séchoir (cloth dryer), la baignoire (bathtub), le lavabo (washhand basin), l'évier (kitchen sink), le tiroir (drawer), la glace (mirror), la machine à laver (washing machine), le porte-chaussures (shoe rack), le porte-savon (soap dish), le cuisson (cushion).

TRIPS ON GRAMMER

1   MORE ON DESCRIPTION
We can also make use of the following adjectives:
- ❖ Moderne - ancien / ancienne (modern/old OR ancient)
- ❖ Classique (old)
- ❖ Traditionnel / traditionnelle.
- ❖ Isolé / isolée (isolated)
- ❖ Clair / claire (bright).
- ❖ Sombre / pas clair (dark OR not bright)
- ❖ Calme - bruyant / bruyante (calm/noisy)
- ❖ Vieux / vieille (old).
- ❖ Confortable / inconfortable.
- ❖ Agréable / pas agréable (pleasant/not pleasant).

Voici quelques phrases, observez les accords ; vis-à-vis les mot soulignés !) (Here are some sentences, take note of the agreements; that is the underlined words!)

(I)   Votre <u>maison</u> est <u>classique</u>, la <u>maison</u> de mon père est <u>moderne</u>.
(ii)   Je n'aime pas les <u>maisons</u> <u>traditionnelles</u>.
(iii) Son <u>appartement</u> est bien <u>confortable</u>.
(iv)   Le <u>rez-de-chaussée</u> est très <u>bruyant</u>.
(v)   Ce <u>logement</u> est <u>isolé</u>.
(vi)   Cette <u>maison</u> est <u>isolée</u>.
(vii) Elle habite une <u>vieille</u> <u>maison</u>.
(viii) Sa <u>villa</u> est un peu <u>bruyante</u>.

EXERCICE 12A
Choisisssez ! Accord des adjectives.
1)   Notre logement est _____. (calms / calme / calmes).
2)   Sa maison est_____.   (Conforting / confortblée / confortable).
3)   Cette maison est très _____. (ancient /   annciennte / ancienne)
4)   C'est bien _____ cet appartment. (classic   / classique / classical)
5)   C'est un _____ logement. (vieux / vieil / vieille)
Pour les réponses justes voir CORRIGES !

2   LES EXPRESSIONS
« ÊTRE SITUÉ À », « SE TROUVER À », « ÊTRE BIEN SITUÉ »,
« ÊTRE MAL SITUÉ ».

These constructions are used to determine or to specify where a building is located.
Etre situé à / au / aux / à la / en (to be situated in).
Se trouver à / au / aux / à la / en (to be found in)
The past participle SITUÉ agrees in number and in gender with the subject; for example.
(i)   Où est située votre maison? (Where is your house situated?)
(ii) Ma maison (elle) est située à Ikoyi. (My house (It) is situated in Ikoyi).

In the 2 cases, SITUÉE agrees with the subject MAISON or ELLE. Observe these also:
(i)   Où est situé votre logement ?
(ii)   Mon logement (il) est situé à Ikeja, au Nigéria.

With SE TROUVE, there is no agreement; e.g.
(i)   Où se trouve votre maison / votre logement?
(ii)   Elle (ma maison) se trouve à Ikeja.
(iii)   Il (mon logement) se trouve à la campagne.

With ÊTRE BIEN/MAL SITUÉ, there is agreement; E.g :
(i) Ma maison est bien **située.**
(My house is well situated/located)
(ii) Votre logement est mal **situé.**
(Your accommodation is badly situated)

EXERCISE 12B
Répondez aux questions suivantes !
1) Où se trouve ton appartement ?
2) Elle est située où, ta villa ?
3) Qu'est-ce qui se trouve à droite de ton salon?
    (What is found at the right side of your sitting room?)
4) Ton école se trouve où ?
5) Où est située la maison de votre père ?
6) Ton logement est-il bien ou mal situé ?

Pour des productions possibles, voir CORRIGÉS !

3.   LES VERBES

ACHETER (to buy)	VENDRE (to sell)
J'achète	Je vends
Tu achètes	Tu vends
Il / Elle / On achète	Il / Elle / On vend
Nous achetons	Nous vendons
Vous achetez	Vous vendez
Ils / Elles achètent	Ils / Elles vendent

LOUER	CONSTRUIRE
(To rent / to hire)	(To construct / to build)
Je loue	Je construis
Tu loues	Tu construis
Il / Elle / On loue	Il / Elle/ On construit
Nous louons	Nous construisons
Vous louez	Vous construisez
Ils / Elles louent	Ils / Elles construisent

ÉTUDIEZ les phrases suivantes !
(Study the following sentences !).

(i) Il aime acheter en gros. (He likes buying in bulk OR wholesale).

(ii) Nous achetons la voiture à Uptown Motors. (We are buying the car from Uptown Motors).

(iii) À qui achetez-vous l'appartement? (From whom are you buying the flat?)

(iv) J'achète l'appartement à Barak S.A. (I am buying the appartement from Barak Ltd).

NOTE: S.A. = Société Anonyme (Limited)
ACHETER means "to buy" while ACHETER À QUELQU'UN means "to buy from someone".

(v) Elle vend en détails ou en kilo.
(She sells retails or by kilo).

(vi) Les haricots se vendent cher cette saison.
(Beans are expensive this season).

NOTE: The pronominal SE VENDRE means "to be sold".

(vii) A qui vendez-vous votre appartement? (To whom are you selling your appatment?)
(viii) Je vends mon appartement à Barak S.A. (I am selling my appartement to Barak Ltd).

NOTE: VENDRE QUELQUE CHOSE A QUELQU'UN
means "to sell something to somebody"

(ix)   Combien louez-vous votre logement par an?
         (How much do you rent your accommodation per year?)
(x)   Le propriétaire loue très cher sa maison.
         (The landlord rents his house so expensively).
(xi)   Nous louons notre logement N250.000 (deux cent cinquante milles nairas par ans.
         (We rent / pay N250.000 for our accommodation per year).
(xii)   On vient de construire le pont « 4th Mainland ».
         (They have just built / constructed the "fourth mainland" bridge)
(xiii)   Elle se construit une petite villa à Lekki.
         (She is building (for herself) a small villa at Lekki OR she is having a small villa built at Lekki).

NOTE. SE CONSTRUIRE (to build for oneself OR to have something built); is conjugated thus:

Je me construis	Nous nous construisons
Tu te construis	Vous vous construisez
Il/Elle se construit	Ils/Elles se construisent

EXERCICE 12C
Remplissez les trous ! (fill in the gaps)
1) Nous nous _____ un parc d'amusement.
   (construire / construisons / construisez).
2) Il _____ une voiture. (s'achète / s'achetez / s'achetons).
3) Ce livre _____ bien. (se vend / se vendent / se vendre).
4) Vous _____ cette maison ? (louons / louez / loue)

5) Combien _____-vous la voiture ? (achètent / achète / achetez)
Pour les réponses justes, voir CORRIGÉS !

DICTÉE LEÇON 12
Écoutez attentivement le disque et écrivez !
(Listen attentively to the CD and write).
Pour la transcription, voir CORRIGÉS !
(For the transcription, see corrections !

PRÉPARER UN PLAT AFRICAIN
Preparing an African dish

UNE RECETTE DE LA SOUPE *EGUSI*
(A recipe of *egusi* soup)

Les Ingrédients

- ➤ Melon (2 tasses) (*Melon - 2 cups*),
- ➤ Piment (3 cuillerées) (*Pepper - 3 spoonful*)
- ➤ Sel et thym (selon le goût) (*Salt and thyme - according to taste*).
- ➤ Huile de palme (*palm oil*),
- ➤ Deux tasses de crevette (*2 cups of crayfish*),
- ➤ Poisson séché (morue) - 2 petits morceaux (*stockfish- 2 small pieces*).
- ➤ Poisson fumé - 3 petits morceaux (*Dried fish- 3 small pieces*).
- ➤ Viande - 1 kg (*meat 1 kg*).
- ➤ Peau de vache (kpomon) (*skin of cow - kpomon*)
- ➤ Une tasse de bigorreau (*a cup of periwinkle*).
- ➤ Feuille amère ; lavée tout propre en frottant pour faire sortir toute substance amère. (*Bitter leaf; washed thoroughly by squeezing out the bitter substance*).
- ➤ Un litre d'eau (*A litre of water*).
- ➤ 4 tasses de garri (*4 cups of garri*).

PRÉPARATION

1. On doit d'abord laver la viande, la peau de vache et le poisson séché et les mettre dans une marmite.
2. Ajoutez du sel et du thym [selon le goût]. Versez un peu d'eau et faites cuire pendant 10 ou 15 minutes.
3. Versez un litre d'eau, deux grosses cuillerées (cuiller à soupe) d'huile de palme et le poisson fumé bien lavé et laissez cuire pendant 7 minutes.
4. Ajoutez le melon, le piment, la crevette, et la tasse de bigorreau. Mélangez bien et laissez cuire pendant 5 minutes.
5. Ajoutez le légume amer (feuille amère) et faites cuire pendant 5 minutes. La soupe est prête à manger.
6. Servez avec du garri préparé à l'eau chaude [eba] ou le foufou.

VOCABULAIRE

Recette [recipe], on doit d'abord [we/one should first of all], faire cuire [cook], versez [pour], grosse cuillère / cuiller à soupe [ladle], ajoutez [add], mélangez [mix / turn], laisez cuire [allow to cook], prête à manger / prête à être mangée [ready to eat / ready to be eaten], préparé à l'eau chaude (prepared with hot water).

POUR DONNER DES CONSIGNES
[Giving instruction OR advice]
There are several ways of giving instruction or advice:

1. L' INFINITIF (Infinitive or unconjugated verb): Here, verbs are used in the infinitive form, for example:
▪Laver d'abord la viande et le poisson séché. This gives the same meaning as the one in the recipe. LAVER means "to wash" but here it is seen from the side of a command / advice. So the above sentence means "first of all, wash the meat and the dried fish / stockfish".

▪ Mettre du sel et du thym. The verbs METTRE means "to put" but here it is used as a form of command or advice that is "put OR add salt and thyme!" Others are:

- Stationner ici [park here]
- Klaxonner avant de doubler / de dépasser
  [Blow horn before overtaking].

EMPLOI DE «DE» (Use of "DE")
Sometime we can add the preposition DE. This comes before the infinitive.

For example:
- Défence de fumer [no smoking OR smoking is prohibited].
- Défence de stationner [parking is not allowed OR no parking]
- Défence d'afficher (stick OR post no bill)
- Défence de klaxonner (blowing horn is not allowed)

In the negative, the infinitive comes after NE and PAS.
For example ;
- Ne pas stationner ici.
- Ne pas afficher.
- Ne pas klaxonner.
NOTE: These have the same meanings with the above examples.

2.L'IMPERATIF: Another way of giving instructions is by using the commands. In other words, we conjugate the verbs herein.

For example :
- Lavez d'abord la viande et le poisson séché !
- Ajoutez du sel et du thym !
- Klaxonnez avant de doubler !

The negatives are formed normally. That is
NE + VERBES + PAS.
For example :
- Ne fumez pas !
- Ne stationnez pas ici !.
- N'affichez pas !
- Ne klaxonnez pas avant de doubler !

3.   L'OBLIGATION

Finally, instructions are given by using the verbs DEVOIR (to have to) to give the same meaning as the ones above. We have this formula:

SUJET + DEVOIR + INFINITIF = OBLIGATION

Here is the conjugation of the verb DEVOIR

Je dois (I should, I must, I have to)

Tu dois (you should, you must, you have to)

Il / Elle / On doit (He/ she/ One should, must, has to)

Nous devons (We should, we must, we have to)

Vous devez (same as TU)

Ils / Elles doivent (They should, they have to)

LES EXEMPLES

D'abord, on doit laver la viande et le poisson séché

(sujet = ON, devoir = DOIT, infinitive = LAVER).

Nous devons mettre du sel et du thym.

Je dois parler aux employés

(I must, I should speak to the employees).

Vous devez klaxonner avant de doubler / de dépasser

(You should blow horn before overtaking).

In the negative, DEVOIR comes between NE and PAS. E.g;

1.   Nous ne devons pas fumer ici OR : On ne doit pas fumer ici.

2.   Elles ne doivent pas préparer le repas. (They must not / they should not prepare the food).

3.   Vous ne devez pas sortir du magasin. (You must not, should not leave the shop).

TIPS ON GRAMMAR

1.   **LES VERBES**

There are other important verbs that we need to study in the cookery aspect. They are: **éplucher** (to peel), **écraser** (to crush OR to grind), **pétrir** (to knead), **remuer** (to shake OR to stir), **piler** (to pound), **mélanger** (to mix), **écorcer** OR **peler** (to peel - fruit), **plumer** (to pluck), **écorcher** (to skin), **frire** (to fry), **bouillir** (to boil), **rôtir** (to roast), **griller** (to grill), **cuire à la vapeur** (to steam), **brûler** (to burn).

Try conjugating them as well as those used in the recipe, that is; LAVER (to wash), METTRE (to put), VERSER (to pour), AJOUTER (to add), CUIRE (to cook).

NOTE: Most of them fall under the GROUP 1 verb - that is the ER verbs. PETRIR and ROTIR are GROUP 2 or the IR verbs while METTRE, FRIRE, BOUILLIR, and CUIRE all belong to the GROUP 3 or the irregular verbs.

Pour en savoir plus veuillez voir « Tableaux de Conjugaison » par le même auteur !
(For more details, please see « Conjugation tables » by the same author!)

EXERCICE 13A

1. Quels sont les ingrédients du riz au poulet ?
(*What are the ingredients for rice with chicken*?).
2.   Que faut-il pour faire un gâteau ?
(*What is needed to make a cake*?)
Pour les productions possibles, voir CORRIGES !

2.   LE PRONOM «ON»
This pronoun can mean any of the other subjects in our conjugation. However the conjugation must be kept at the 3rd person singular the meaning notwithstanding. It can mean the following:

[a] JE: For example:
➤   ON SORT QUAND ON VEUT. Here the speaker is talking about himself / herself. He / she says: I GO OUT WHEN I LIKE. In other words, he could have also said JE SORS QUAND JE VEUX.

[b] TU OR VOUS : For example :
➤   ON S'HABILLE ENCORE? This question can mean ARE YOU STILL DRESSING UP? The person could also have

said, TU T'HABILLES ENCORE or VOUS VOUS HABILLEZ ENCORE?

[c] IL, ELLE, ILS, ELLES. For example:
➢ ON EST SI BEAU AUJOURD'HUI (he, she is OR they are very handsome or beautiful today).

[d] NOUS. For example:
➢ ON VIT EN PAIX / ON VIT DANS LA PAIX (we live in peace). The speaker could have also said NOUS VIVONS EN PAIX OR NOUS VIVONS DANS LA PAIX.
➢ ON EST CENSE VIVRE EN PAIX / DANS LA PAIX (We are supposed to live in peace]. He could have said NOUS SOMMES CENSES VIVRE EN PAIX or NOUS SOMMES CENSES VIVRE DANS LA PAIX.
➢ ICI ON PARLE FRANÇAIS (Here we speak French or here French is spoken).

(e) SOMEONE OR ONE; For example
➢ ON FRAPPE A LA PORTE (someone is knocking at the door).
➢ ON NE SAIT JAMAIS (one never knows),

3.   IL FAUT
IL FAUT is from the verb FALLOIR which means "to be necessary" or "to be compulsory". It is an impersonal verb so it can only be conjugated in the 3rd person singular. IL FAUT (it is necessary OR it is compulsory).

IL FAUT is employed/used in two ways:

A.   Il faut + infinitive: For example
▪ Il faut arriver à l'heure. (It is necessary to arrive on time).
▪ Il faut manger 3 (trois) fois par jour.
(It is necessary to eat 3 times a day).
▪ Il faut laver les habits sales.
(It is necessary to wash dirty cloths).

NOTE: The verbs ARRIVER, MANGER and LAVER are in the infinitive (unconjugated form).

B.   Il faut + noun : For example :
➢   Il faut un quart d'heure pour finir le travail. (A quarter of an hour is needed to finish the work).
➢   Il faut des garçons courageux (courageous boys are necessary OR needed).
NOTE: UN QUART D'HEURE and GARÇONS are nouns.

NOTE: In the negative FAUT comes between NE and PAS. E.g; IL NE FAUT PAS ARRIVER A L'HEURE (It is not necessary to arrive on time). IL NE FAUT PAS DES GARÇONS COURAGEUX (courageous boys are not needed)

NOTE: FRIRE, BOUILLIR, RÔTIR, GRILLER, are all combined with FAIRE to bring out the real meanings of the verbs.
For example:
i.   Faites cuire la sauce ! will mean: "cook the sauce!"
ii.   Fais bouillir un peu d'eau ! (boil a little water)
iii.   Ne faites pas brûler l'oignon ! (don't burn the onion)
iv.   Faites frire de l'oeuf ! (fry the egg).
v.   Faisons griller le pain ! (Let's toast the bread)

We also have expressions like:
Le plantain rôti (roasted plantain), l'igname rôtie (roasted yam), l'oeuf bouilli (boiled egg), le pain grillé (toasted or toast bread), BUT we can simply call this LES TOASTS.
Le poisson frit (fried fish), les pommes de terre frites (fried potatoes)
NOTE: There is an agreement in number (singular or plural) and in gender (masculine or feminine) between the adjectives and the nouns they qualify.

LES FORMES D'APPRÉCIATION OU DE DÉPRÉCIATION
(Forms of appreciation or depreciation)
In appraising food generally, we say:
- ➢ C'est très délicieux (It is very delicious)
- ➢ C'est très bon (It's very good).
- ➢ C'est bon (It's good / it's ok).
- ➢ C'est mauvais (It's bad).
- ➢ C'est très mauvais (It's very bad).
- ➢ Il n'y a pas de goût (It has no taste / It is tasteless)

When a meal or food contains too much pepper we use one of the following:
- ➢ C'est trop pimenté / pimentée. (It is too peppery).
- ➢ C'est trop poivré / poivrée. (It is too peppery)

This depends on the gender of the noun, that is, the food.
Others are
- ➢ C'est trop salé / salée. (It is too salty).
- ➢ C'est trop sucré / sucrée. (It's too sweet or sugary).
- ➢ C'est trop épicé / épicée. (It's spicy or spiced).
- ➢ C'est trop liquide (It's too watery; that is soup or sauce)
- ➢ C'est trop léger (It's too light; that is tea, coffee, etc)
- ➢ C'est trop épais / épaisse (It's too thick)

EXECISE 13B
Remplissez les trous ! (Fill in the gap)
1) Il faut _____ de la farine. (pétrir / pétrient / pétris)
2) Ne _____ pas beaucoup d'eau ! (versant / versents / versez).
3) Faites _____ des plantains ! (frit / frire / friez).
4) J'aime beaucoup l'igname _____ (rôtie / rôtis / rôtir).
5) Pour manger une orange, il faut d'abord _____ (pilerent / écorcer/ ecorsez).
   Pour les réponses justes, voir CORRIGES !

EXERCICE 13C
Remplissez les trous !
1) Pour faire une omelette, _____ des oeufs
(On doit / il faut).
2) _____ mettre du sucre (vous faut / il faut).

Preparing an African dish

3) Vous _____ prendre cette direction (devez / fautes / fait).
4) Tu dois _____ avant de doubler (klaxonner / klaxon / klaxonnons).
5) Nous _____ nous dépêcher (devons / dois / doivent)
Pour les réponses justes, voir CORRIGES !

WORD LIST
Quitter (to leave), à l'avocat OR à l'avocate (to the lawyer), la ville (town), prier (to pray), trop d'huile (too much oil), entrer (to enter, to come in), la voiture (the car), à elle (to her), houses (maisons), savoir (to know), appeler (to call), de temps en temps (from time to time), demain (tomorrow), confortables (comfortable), ne. . . plus (any longer).

EXERCICE 13D
Écrivez en Français ! Employez les mots de WORD LIST ci-dessus ! (Write in French, use words in the WORD LIST above !).
(1) You should watch the film.
(2) I must write to the lawyer.
(3) One eats and drinks all the time.
(4) Must they go to the bank?
(5) Is it necessary to call the director?
(6) Should the man come in?
(7) We should not eat at the restaurant.
(8) I must leave town tomorrow.
(9) Children should pray from time to time.
(10) Do not add too much oil.
(11) Mrs. Coker must not know.
(12) One should blow horn before overtaking.
(13) Should they repair the car?
(14) Don't call the boy any longer
(15) Comfortable houses are not necessary.

DICTÉE 13
Écoutez attentivement le disque et écrivez !
Pour la transcription, voir CORRIGÉS !

LIVRE 3
Book 3

14. Au Restaurant Beautemps
15. Pour aller à l'Alliance Française ?
16. Allons faire des courses
17. Chez le médecin
18. Milau a reçu une lettre
19. Nous sommes allés faire des courses
20. Il s'est réveillé très tôt

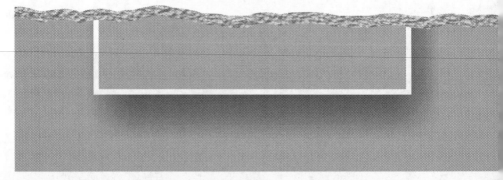

Leçon 14

AU RESTAURANT BEAUTEMPS
At Beautemps Restuarant

Kunle et ses amis, Salif et Chuba ont très faim. Ils vont déjeuner au restaurant Beautemps.
(*Kunle and his friends, Salif and Chuba are very hungry. They go to have lunch at Beautemps Restaurant*).

KUNLE : Où sont les garçons?

CHUBA : Les voilà. L'un vient.

LE GARÇON : Bonjour messieurs. Voici le menu. Qu'est-ce que vous voulez manger?

SALIF : Moi, je veux quelque chose d'un peu léger. Des nouilles avec des poissons et une bouteille de malt.

CHUBA : C'est tout ? Tu n'as pas faim ?

KUNLE : Laisse-le ! Il a peur de manger. Je prends un plat d'amala et d'éwédu. Vous mélangez les différentes viandes. Une bouteille d'eau.

CHUBA : Pour moi, un fou-fou et de la soupe gombo. Je voudrais aussi de la viande de chèvre et un poisson séché. Pour le dessert, je prends une bouteille de bière.

KUNLE : Oui et pourquoi pas? Tu es un vrai Igbo.

CHUBA : Tais-toi!

LE GARÇON : Les voici messieurs. Bon appétit !

SALIF : C'est très délicieux ce plat. Ils savent bien faire la cuisine dans ce restaurant.

CHUBA : C'est vrai et à un très bon prix. J'aime manger ici.
KUNLE : Le garçon revient, peut-être avec l'addition.
LE GARÇON : L'addition, messieurs.
SALIF : Trois mille sept cents nairas? Pour tous les plats ?
KUNLE : Oui, tenez monsieur, quatre milles.
LE GARÇON : Excusez moi, je vais chercher votre monnaie.

VOCABULAIRE

Messieurs (gentleman), garçon (waiter), serveuse (waitress), quelque chose d'un peu léger (something a bit light), nouilles (noodles), poisson (fish), bouteille (bottle), ça va me suffire (it is going to be enough for me), un plat (plate or a dish, meal, food), viande (meat), eau (water), gombo (okro), chèvre (goat), tais-toi ! (shut up), faire la cuisine (to cook), peut-être (maybe), l'addition (the bill), tenez (take), je vais chercher (I am going to get OR, to look for), monnaie (change).

ORDERING FOOD AND DRINKS
When ordering food and drinks, we use the verb COMMANDER. Consequently, COMMANDER UN REPAS ET DES BOISSONS means:- to order food and drinks.

Etudiez les phrases suivantes !
(a)   Qu'est ce que vous allez commander?
        (*What are you going to order*?)

(b)   Je commande du riz et de la salade.
        (*I am ordering rice and salad*)

We can also use verbs like PRENDRE (*to take*), CHOISIR (*to chose*), VOULOIR (*to want*), for example:
Je prends / je choisis / je voudrais du riz et de la salade verte.

UN REPAS SUBSTANTIEL ET
UN REPAS A TROIS PLATS / UN REPAS DE TROIS PLATS
A 3 square meal and a 3 course meal

A three square meal includes Breakfast, which is LE PETIT DÉJEUNER, lunch (LE DÉJEUNER) and dinner (LE DÎNER).We have expressions like: PRENDRE LE PETIT DEJEUNER (*to take breakfast*)
DÉJEUNER (*to have lunch*), DÎNER (*to have dinner*)
The verb PRENDRE is conjugated thus:

Je prends	Nous prenons
Tu prends	Vous prenez
Il / Elle / On prend	Ils / Elles prennent

DÉJEUNUER and DÎNER are both ER verbs and so you can easily conjugate them. Read these sentences.
a)   À quelle heure prenez-vous le petit déjeuner ?
b)   Je prends le petit déjeuner à huit heures trente (8h 30).
c)   Nous déjeunons à midi.
d)   M. Osita déjeune au restaurant avec M. Jean.
e)   M. Osita et M. Jean dînent au restaurant.

EXERCICE 14A
Répondez NON aux questions suivantes !

1)   Tu prends le petit déjeuner à 10h30?
2)   Vous dînez dehors? (Do you take dinner outside?)
3)   Elles déjeunent maintenant?
4)   Vous commandez un plat de spaghetti?
5)   Une bouteille de coca vous suffit ?
     Pour les productions possibles, voir CORRIGES !

SAYING WHAT ONE TAKES / EATS IN A DAY.
EXERCICE 14B
Dites ce que vous prenez par jour en répondant à ces questions !
     (*Say what you eat per day by answering these questions* !)
1)   Qu'est ce que vous prenez pour le petit déjeuner?
2)   Pour le déjeuner, que prenez-vous ?
3)   Et pour le dîner qu'est-ce que vous voulez prendre?
Pour les productions possibles, voir CORRIGÉS !

UN REPAS DE TROIS PLATS inclut: (A 3 square meal includes)
➢   L'entrée (*appetizer*),

- ➢ Le plat principal (*main dish*),
- ➢ Le dessert (*dessert*)

UN REPAS DE QUATRE PLATS comprend (A four square meal comprises)
- ➢ L'entrée (*appetizer*),
- ➢ Le plat principal (*main dish*),
- ➢ Le dessert (*dessert*)
- ➢ La boisson (drink)

Maintenant commandez un repas complet !
(*Now, order a complete meal*).
Par exemple:
- ➢ Pour l'entrée, OR Comme entrée, je choisis un gâteau.
  (*For appetizer, I chose OR I take cake*)
- ➢ Pour le plat, OR Comme plat principal, je mange du riz frit et du poulet.
  (*For main dish, I am eating fried rice and chicken*).
- ➢ Pour le dessert, je prends un pot de glace.
  (*For dessert, I am taking a cup of ice cream*).
- ➢ Comme boisson, un flacon d'eau.
  (For drink, a bottle of water)

DÉTAILLER - Utilisez les articles de la liste ci-dessous!)
(*Itemsizing - Use items from the list below!*)

Une bouteille de vin blanc (*a bottle of white wine*)
Une tranche de pain (*a slice of bread*)
Une tasse de thé (*a cup of tea*)
Une bouteille de panaché / gin (*a bottle of shandy/gin*)
Une pincée de sel (*a pinch of salt*)
Un tubercule d'igname (*a tuber of yam*)
Un sac de riz (*a bag of rice*).
Un kilo de tomates (*a kilo of tomatoes*)
Un morceau de viande (*a piece of meat*)
Un verre de lait de soja (*a glass of soya milk*)
Un bol de riz (*a bowl of rice*)

TIPS ON GRAMMAR

1.   ÊTRE AU RÉGIME. This means to be on diet. All it entails is conjugating the verb ÊTRE and this we have already done in Book I, lesson 6. We can also use the expression SE METTRE AU RÉGIME. This entails conjugating the pronominal verbs SE METTRE.

FAIRE ou SUIVRE UN RÉGIME also means the same as the two expressions above but in the former, we use the preposition AU, while in the latter we use the indefinite article UN.

Here are some examples:
a)   Je suis au régime, alors je ne prends pas de viande.
     (I am on diet, so I don't take meat).
b)   Mets-toi au régime pour être en bonne santé.
     (Go on diet so as to be in good health).
c)   Elles font un régime pour être mince.
     (They are on diet so as to be slim).
d)   Pour garder la ligne, il faut suivre un régime.
     (In order to be in good shape, it is necessary to go on diet).
e)   Tu fais un régime ou quoi ? (Are you on diet or what ?)
f)   Je ne me mets jamais en régime. (I never go on diet)
g)   Vous suivez un régime en décembre. (you go on diet in December)
h)   Il mange moins. Il est en régime. (He eats less. He is on diet)

2.   AVOIR FAIM et AVOIR SOIF
Literarily they both mean "to have hunger", "to have thirst'. So, while the Englishman uses TO BE (être) when expressing the fact that he is hungry or thirsty, the Frenchman uses TO HAVE (avoir).

Consequently, AVOIR FAIM and AVOIR SOIF mean to be hungry and to be thirsty respectively.

➤   J'ai très faim. Il me faut manger. (I am very hungry. I need to eat)
➤   Qui a soif? (Who is thirsty?)
➤   Nous n'avons pas soif. Nous avons faim. (We are not thirsty. We are thirsty)
➤   Ah, mon Dieu, vous avez encore faim? (Oh my God, are you

hungry again?)

3. Four useful verbs that we use when saying what we eat are MANGER (to eat), BOIRE (to drink), PRENDRE (to take) and CHOISIR (to choose).

MANGER
Je mange
Tu manges
Il / Elle / On mange
Nous mangeons
Vous mangez
Ils / Elles mangent

BOIRE
Je bois
Tu bois
Il / Elle / On boit
Nous buvons
Vous buvez
Ils / Elles boivent

CHOISIR
Je choisis
Tu choisis
Il / Elle / On choisit

Nous choisissons
Vous choisissez
Ils / Elles choisissent

Try to make 2 sentences with each of them as in the examples below !
a)   Qu'est-ce que vous choisissez comme dessert !
b)   Je bois du rosé (I am drinking OR taking rose wine).
c)   Il mange de l'oeuf brouillés et du yaourt.
       (He is eating scrambled egg and yogurt).
d)   Nous prenons du moïn-moïn et de la bouillie (we are taking moïn-moïn and pap).

4. LE CONDITIONNEL 2
This has already been introduced in book 2, leçon 7. The Conditional can also be used to specify what one wants to eat. The verb VOULOIR (to want), (which has been conjugated in the conditional in leçon 7) can be used.
Here are some examples:
(a)   Pour le plat, je voudrais une soupe de légume et de l'eba.
       (For main dish I would want vegetable soup and eba).
(b)   Vous voudriez manger des haricots ?.

EXERCICE 14C
Répondez !
1)   Quel est votre plat préféré et pourquoi ?
       (What is your favourite dish and why?)
2)   Où aimez vous manger, au restaurant ou à la maison et
       pourquoi ? (Where do you like eating, at the restaurant or at
       home and why?)
       Pour les productions possibles, voir corrigés !

DICTÉE 14
Écoutez attentivement le disque et écrivez !
Pour la transcription, voir CORRIGÉS !

Leçon 15

POUR ALLER À L'ALLIANCE FRANÇAISE ?

Which way to Alliance Française?

Dans la rue Monique rencontre Céline une étrangère. (*On the street, Monique meets Céline, a stranger*)

CELINE : Bonjour. Mon nom est Céline. Vous parlez français?

MONIQUE : Oui, je parle bien français.

CELINE : Bon. Je vais à l'Alliance Française. Pourriez-vous m'indiquer le chemin?

MONIQUE : Ah…oui. C'est mon école, j'en viens maintenant. Elle est très loin d'ici. Vous devez y aller en bus.

CELINE : En bus ? Alors, je prends un bus qui va dans quelle direction ?

MONIQUE : Vous prenez un bus en direction d'Ikeja. Vous descendez sous le pont. Marchez jusqu'au deuxième carrefour et prenez une mobylette pour y arriver. C'est la troisième route à gauche. L'école est là, entourée par de hauts murs. Elle est derrière une grande librairie. C'est la rue qui donne sur le boulevard Sharon.

CELINE : Merci beaucoup. Au revoir.

VOCABULAIRE

Pourriez-vous (*could you*), loin d'ici (*far from here*), hauts murs (*high walls*), j'en viens (*I am coming from there*), vous devez y aller (*you need to go there*), parler (*to speak*), indiquer le chemin (*to show the way*), entourée par (*surrounded by*), jusqu'à (*up till*), carrefour (*crossroad OR junction*), tout droit (*straight ahead*), en direction de (*to*), en provenance de (*from*), par où (*by/through which way*), par là (*by/through this way*), la rue qui donne sur le boulevard Sharon (Off Sharon boulevard), La rue perpendiculaire au blvd Sharon (Off Sharon blvd), le clos Zidane (Zidane Close)

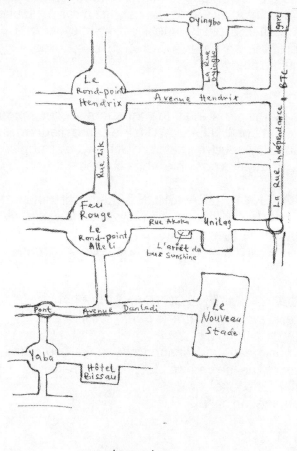

WHICH WAY TO ALLIANCE FRANÇAISE?

DEMANDEZ SON CHEMIN (*Asking for direction / the way*)
UNE CARTE DE LA VILLE (*A map of the town*)

Observez la carte ci-dessus et lisez la description qui suit ! Vous êtes à l'arrêt du bus Yaba et quelqu'un vous demandez le chemin pour UNILAG.
(*Look at the diagram above and read the description that follows! You are at Yaba bus stop and somebody asks you for the description to UNILAG*).

A. Pardon monsieur, UNILAG c'est par là?
B. Oui, c'est juste après le feu rouge, le rond-point Alleli. Il faut d'abord monter une mobylette jusqu'au pont. Sous le pont, vous prenez un bus en direction d'Akoka. Ils passent par le rond-point Alleli. Vous descendez à l'arrêt du bus Sunshine. Vous allez à pied jusqu'à Unilag. C'est très près. Il est interdit de se garer à l'arrêt du bus unilag. Donc, il faut y arriver à pied.

EXERCICE 15A
Avec la même carte, indiquez comment aller au marché *Oyingbo* de l'arrêt du bus UNILAG. (With the same diagram, indicate how the road to Oyingbo market from UNILAG bus stop).
Pour la production possible, voir corrigés !

LES MOYENS DE TRANSPORT (means of transport)
La voiture (car), le bus, la bicyclette (bicycle), la mobylette (motocycle). le train, le bateau (ship), la pirogue (canoe), l'avion (aeroplane), le cheval (horse), le dos de chameau (camel back), le taxi (taxi).

SOME LOCAL MEANS OF TRANSPORT are:
Le *keke*, le *moluè*, l'*okada*, le *danfo*, le *BRT*, etc

To tell our means of transport, we make use of the preposition "EN" as well as the verb ALLER (to go). We can also use the verb PRENDRE (to take)
The conjugation of ALLER is

Je vais	Nous allons
Tu vas	Vous allez
Il / Elle / On va	Ils / Elles vont

Voice quelques phrases pour vous aider à mieux comprendre :
(Here are some setences to help you understand better):
o   Le directeur va à Londres <u>en avion</u>.
o   Nous allons école en taxi.
o   Je voyage à Abuja <u>en voiture</u> / <u>en bus</u>.
o   Nous traversons le fleuve Niger <u>en pirogue</u>.
(*We cross the River Niger on canoe*).

But when, we use the verb PRENDRE, we make use of the articles LE, LA or UN, UNE: For example:
◆   Pour aller à l'école, elle prend le moluè / le bus.
◆   Pour arriver à Iyana Ipaja, Je prends le train / le bus.
◆   Est-ce que vous prenez un taxi pour arriver chez vous?

We can also make use of the verb MONTER (to board, to climb, to go on). This verb is conjugated in the 1st group or the ER VERB form.

Here are some sentences:
o   Vous <u>montez à cheval</u> pour aller à la plage?
o   Je <u>monte à bicylette</u> pour arriver chez moi.

TIPS ON GRAMMAR

1.   LE CONDITIONNEL 3

Dans la langue française, le Conditionnel s'emploie entre d'autres choses comme une formule de politesse aussi bien qu'une façon d'exprimer un souhait. Cela peut signifier WOULD en anglais. Le Conditionnel a des différentes terminaisons de celles des conjugaisons du présent, voir leçons 7 & 14. Ces terminaisons sont ajoutées à l'infinitif des verbes, c'est-à-dire dans les cas des verbes du 1er et du 2e groupe (les verbes en ER et en IR).

WHICH WAY TO ALLIANCE FRANÇAISE?

In French language, the conditional tense is used, among other things, as a form of politeness (Formule de politesse) as well as a way of expressing a wish. It gives WOULD in English. It has different endings from that of the conjugations in the present tense, (see lessons 7 & 14). These endings are added to the infinitives of verbs, that is in the cases of the 1st and 2nd group verbs (that is the ER and the IR verbs).

En revanche, dans le cas des verbs du 3ᵉ groupe, nous nous fournissons d'un alternatif pour l'infinitif. Voici les conjugaisons des trois verbes importants : AIMER (to love/to like), POUVOIR (to be able), VOULOIR (to want) :
    However in the case of the 3rd group verb, we form an alternative to infinitive. Here are conjugations of 3 important verbs AIMER (to love or to like), POUVOIR (to be able), and VOULOIR (to want).

NOTE: since AIMER is an ER verb, we add the endings straight to it. The alternative infinitive to POUVOIR is POURR and that of VOULOIR is VOUDR.

Now here are some sentences to help you understand better:
- Pourriez-vous m'indiquer le chemin ?
  (*Could you show me the way?*)
- Je voudrais aller à la montagne.
  (*I would want (or like) to go to the mountain*)
- Est-ce qu'elle aimerait faire du cheval ?
  (*Would he want / like to ride horse?*)
- M. Oris voudrait voyager en France. (Mr. Oris would like to travel to France).
- Pourrais-tu parler avec mon frère ? (*Could you speak with my brother?*)
- J'aimerais voir le roi. (*I would like to see the king*)

EXECISE 15B
Now use the words in the vocabulary below to re-write these sentences in French!

Faire un discours (*to deliver/to make*

a speech), obtenir (*to obtain*), la dame (*the lady*), réunion (*meeting*), acheter (*to buy*), montagne (*mountain*), du café (*some coffee*), un visa (*a visa*), s'il vous plaît / s'il te plaît (*please*), faire du cheval (*to ride horse*), organiser (*To organize*), pendant 45 minutes (*for 45 minutes*).

1. Would you want some fruit juice?
2. We would like to see the lady.
3. Could you organize the meeting please?
4. He wouldn't want to buy the house.
5. They would like to obtain a visa.
6. I could deliver a speech for 45 minutes
    Pour les productions possibles, voir corrigés.

2.   LE PRONOM "Y"

Le pronom Y, s'emploie pour remplacer un lieu. Cela veut dire THERE en anglais et il se combine toujours avec les prépositions à, au, à la, aux, en, chez et le verbe ALLER (conjugué ci-dessus ; voir les moyens de transport). Pour pouvoir employer ce pronom, nous suivons cette formule :
SUJET + Y + VERBE (conjugué)
The pronoun Y is used to replace a place. It means THERE in English and is commonly combined with the prepositions à, au, à la, aux, en, chez and the verb ALLER (which we have already conjugated above). To be able to make use of this pronoun we follow this formula:
SUJET + Y + ALLER (conjugated).

Hence "Y" is used to answer the questions
asked using the verbs ALLER,
HABITER, RESTER, etc. For example:
A: Tu vas au stade? (Are you going to the Stadium?)
B: Oui, j'y vais (yes, I am going there).
A: Ils habitent en Chine?
B: Oui, ils y habitent.
A: Vous allez à la montagne?
B: Oui, j'y vais.

JE loses it's E because "Y" is considered a vowel, hence, J'Y, where JE is the subject + Y (pronoun) + ALLER (conjugated in the 1st person singular as VAIS)

A. Ils vont à la piscine?
B. Oui, ils y vont.

NOTE: In the negative, Y and the conjugated verb ALLER come between NE and PAS. For example:

A. Tu vas au stade?
B. Non, je n'y vais pas?
A. Ils vont à la piscine?
B. Non, ils n'y vont pas.
A. Ils habitent en Chine?
B. Non, ils n'y habitent pas.

3. LE PRONOM "EN"

Ceci est le contraire de « Y » et ça veut aussi dire THERE. Il se combine toujours avec la préposition DE et le verbe VENIR (conjugué ainsi) :
This is the opposite of "Y" and it also means THERE. It is commonly used alongside the preposition DE and the verb VENIR (conjugated as follows).

Je viens	Nous venons
Tu viens	Vous venez
Il / Elle / On Vient	Ils / Elles viennent

Ainsi, on a VENIR DE which means « to come from »

Here are some sentences :
a) Vous venez de la mosquée? (Are you coming from the mosque?)
b) Oui, j'en viens. (Yes, I am coming from there).
c) Ton père vient du bureau ?
d) Oui, il en vient.

NOTE. The negative is also like that of the pronoun Y, that is, EN and conjugated verb - VENIR come between NE and PAS

A)   Vous venez de la mosquée ?
b)   Non, je n'en viens pas ?
c)   Ton père vient du bureau ?
d)   Non, il n'en vient pas.

EXERCICE 15C
Répondez aux questions suivantes à l'affirmatif et au négatif avec les pronoms "Y" et "EN" ! (Answer the following questions both in the positive and in the negative with the pronouns Y, and EN).

1)   Ils restent à la gare ?
2)   Nous allons à la mer ?
3)   Vous venez de la bibliothèque ? (Are you coming from the Library?)
4)   Tu habites à Paris?
5)   Napoléon vient de l'hôpital ?)
6)   M. et Mme Syke vont à l'église ?
7)   Vous allez en Chine ?
8)   Elles viennent du théâtre ?
9)   Tu viens du théâtre?
10)   Elles sont à Dakar?
        Pour les réponses justes, voir corrigés !

DICTÉE 15
Écoutez attentivement le disque et écrivez !
Pour la transcription, voir CORRIGÉS !

ALLONS FAIRE DES COURSES !
Let's go shopping!

Aujourd'hui est samedi. Les étudiants sont en vacances. Il est 6h (six heures) du matin et Arit vient de se lever. Elle doit finir les travaux ménagers avant de quitter la maison. Aujourd'hui, elle va faire des courses avec son oncle Monsieur Samba et son petit frère, Bossu. Sa mère est dans la cuisine et son père se dépêche pour aller au bureau. Sa mère l'appelle:

MAMAN: Arit, va préparer la table à
                manger pour ton père. Le petit déjeuner est prêt.
ARIT: Oui, maman. Est-ce que je dois verser de l'eau
                chaude dans la bouteille thermos?
MAMAN: Mais oui, et tu dois le faire vite. Ton père est
                déjà prêt.

LA BOUTIQUE DE MONSIEUR KANTÉ

M. Kanté tient la boutique la plus connue dans la ville. Sa boutique est très magnifique et bien approvisionnée de tissus de coton et de soie aux couleurs attirantes. A l'étalage, il y a des chaussures et des pantoufles de toutes sortes. M. Kanté vend ausssi des bijoux - des boucles d'oreille, des bracelets, des colliers, des montres en or et montres argentées. Il est presque midi quand Arit et Bossu entrent dans la boutique avec leur oncle, M. Samba.

M. SAMBA: Eh bien, les petits, que voulez vous acheter?

ARIT: Moi, je veux un tissu de soie
et des chaussures.

BOSSU: Et moi, je veux un pantalon et une chemise
prêt à porter. Je veux aussi Des chaussettes
et des chaussures.

M. KANTE: J'en ai. Voici un tissu rayé. Il est très élégant.

M. SAMBA: Ca coûte combien le mètre?

M. KANTE: Il coûte N250.00 (deux cents cinquante naira) et
vous achetez au moins deux mètres pour faire
quelque chose à la mode.

M. SAMBA: Coupez-le donc ! Dépêchez-vous ! Nous partons
dans dix minutes.

VOCABULAIRE

En vacances (*on vacation*), doit (*should*), travaux ménagers
(*household chores*), se dépêcher (*to hurry up*), le petit déjeuner
(*breakfast*), prêt (*ready*), déjâ (*already*), vite (*fast/quick*), tient
(*runs*), le plus connu (*the most popular*), bien approvisionné de
(*well stocked with*), soies aux couleurs attirantes (*attractive
coloured silks*), à l'étalage (*on display*), chaussures (*shoes*),
pantoufles de toutes sortes (*slippers of all types*), bijoux
(*jewelries*), montre en or (*golden OR gold wristwatch*), montre
argentée (*silver wristwatch*), boucles d'oreille (*ear rings*), colliers
(*necklaces*), j'en ai (*I have them*), rayé (*striped*), à la mode
(*fashionable/in vogue*), dépêchez vous (*hurry up*), coupez-le
(*cut it*).

EXERCICE 16A
Répondez aux questions suivantes
1. Il est quelle heure ?
2. Comment s'appelle l'oncle d'Arit ?
3. Que vend M. Kanté ?
4. Que veut Bossu ?
5. Combien coûte le mètre de tissu ?
Pour les réponses justes, voir corrigés !

LET'S GO SHOPPING!

DIRE COMBIEN ON DOIT ET DONNER LA MONNAIE
(Saying how much one is owing and giving change)

To do this, we use the verb DEVOIR (to owe). This verb is also used when we want to point out an obligation and in that case it means «to have to». DEVOIR is conjugated thus :

Je dois	Nous devons
Tu dois	Vous devez
Il/Elle doit	Il/Elles doivent

Here are simple dialogues to explain more :
A: Je dois combien à toi ? (How much do I owe you?)
    BUT this is better expressed by transfering the complement TOI and allowing it to come after the subject. In this way, TOI changes to TE. Hence: JE TE DOIS COMBIEN ?
B :   Tu dois N375 (trois cent soixante quize) à moi. (But if we push the complement forward, the MOI becomes ME). So we simply say: TU ME DOIS N375.
A: Voici un billet de N500. Donnez-moi la monnaie de N125.
B :   La voici, merci beaucoup.
    We can also use the plurals VOUS and NOUS
A: Nous vous devons combien ? (How much are we owing you ?)
B :   Vous nous devez N375. (You owe us N375).

NOTE ALSO:
A: Nous devons combien à Mme Sow ?
B :   Nous lui devons 2 millions.
A :   Tu dois combien aux vendeurs ?
B :   Je leur dois N35, 000.00
        (Pour mieux comprendre veuillez lire
        Mastering French Language par le même auteur !)

TIPS ON GRAMMAR

1. LES ADJECTIFS QUALIFICATIFS

Masculin	_Féminin_	_Masculin_	_Féminin_
Grand	grande (big/tall)	petit	petite (small)
Jeune	jeune (young)	vieux/vieil	vieille (old)
Rond	ronde (round)	gros	grosse (fat)
Joli	jolie (fine)	beau/bel	belle (beautiful)
Sportif	sportive (sporty)	traditionnel	traditionnelle
Moderne	moderne	carré	carrée (squared)
Court	courte (short)	mince	mince (slim)
Bas	basse (low)	haut	haute (high)
Long	longue	nouveau/nouvel	nouvelle (new)
Neuf	neuve (new)	gentil	gentille (kind)
Triste	triste (sad)	heureux	heureuse (happy)
Tranquille	tranquille (quiet)	calme	calme
Fort	forte (strong)	bon	bonne (good)
Content	contente (happy)	mécontent	mécontente
Sympathique	sympathique (nice)	antipathique	antipathique
Méchant	méchante (wicked)	brutal	brutale
Doux	douce (sweet/gentle)	fier	fière (proud)
Humble	humble	satisfait	satisfaite

2. LA PHYSIQUE

Blond	blonde	brun	brune (brunette)
Souriant	souriante (cheerful)	Amusant	amusante (funny)
Clair	claire (fair)	foncé	foncée (dark)

3. LES COULEURS

Masculin	Féminin	Masculin	Féminine
Rouge	rouge (red)	bleu	bleue (blue)
Blanc	blanche (white)	noir	noire (black)
Vert	verte (green)	brun	brune (brown)
Violet	violette (violet)	jaune	jaune (yellow)
Gris	grise (grey)	crème	crème (cream)
Poupre	poupre (purple)	rose	rose (pink)

LES EXEMPLES
✓ Doux comme un agneau (as gentle as a lamb)
✓ Doux comme le miel (as sweet as honey)

LET'S GO SHOPPING!

✓   Fier comme un paon (as proud as a peacock)
✓   Blanc comme neige (as white as snow)

EXERCICE 16B
Amusez-vous à travers les couleurs !
(Have fun with colours !)
1   Elle aime porter des jupes _____ .(roug / rouge / rouges)
2   Nous portons des pantalons _____ . (gri/ gris / grise)
3   Ma couleur préférée c'est la _____. (jaune / jauns / jaun)
4   Ce tee shirt _____ est serré. (blank / blanche / blanc)
5   Les chaussures _____ sont très belles.
(noirs / noires / noire)
Pour les réponses justes, voir corrigés !

DECRIRE DES PERSONNES ET DES CHOSES
(Describing people and things)
Les adjectifs qualificatifs répondent aux questions:
« Comment est-il/elle? » ou «quelle est la couleur de...? » (The qualifying adjectives answer the questions: "how is he /she, what does he/she look like?" or "what colour is...?)
They are used to describe people or things
Par exemple:

(a) Comment est M. Mensah?
-(Il est triste).

(b) Comment est Lucy?
- (Elle est sportive).

(c) Quelle est la couleur de cette radio?
-Elle est noire et crème).

(d)De quelle couleur est un arc-en-ciel?
(What is the colour of a rainbow ?)
-Un arc-en-ciel est multicolore.

3.OBJECTS AND WHAT THEY ARE MADE OF
Etudiez cette liste et répondez aux questions qui suivent:

Beginning French Language

WORD LIST
Aluminium (aluminium), encre (ink), fer (iron), verre (glass), plomb (lead), acier (steel), laine (wool), bois (wood), cuir (leather), caoutchouc (rubber), plastique (plastic), or (gold), coton (cotton), brique (brick), argent (silver), chaussures (shoes), chaussettes (socks/stockings), miroir (mirror), la voie ferrée (railway track), lunettes (eye glasses), seau (bucket), lit (bed), boucle d'oreilles (ear ring).

En voici quelques exemples, observez les
mots soulignés :
(Here are some examples, observe the underlined words)
- En quoi est votre table? (*What is your table made of?*)
- Ma table est en bois. (*My table Is made of wood*). OR --
- Ma table est en caoutchouc. (*A table is made of rubber*)
- Le ventilateur est en quoi? (*The fan is made of what?*)
- Il est en fer et en acier. (*The fan is made of iron and steel*).
- En quoi sont tes lunettes? (*What are your glasses made of?*)
- Mes lunettes sont en verre (*My eyes glasses are made of glass*)

EXERCICE 16C
Maintenant répondez en employant les mots du vocabulaire ci dessus ! (Now answer the following by using the words in the vocabulary above !)
(1)   Vous êtes comment ?
(2)   En quoi sont vos chaussures?
(3)   En quoi est la voie ferrée/le chemin de fer ?
(4)   Le terrain de tennis est comment ?
(5)   En quoi sont vos boucles d'oreille?
(6)   En quoi est le crayon?
(7)   En quoi est le lit?
(8)   En quoi est la seau ?
(9)   Comment est le Président Obama ?
(10)   Comment est la tour Eiffel ?
Pour les productions possibles, voir corrigés !

LET'S GO SHOPPING!

DICTÉE 16
Écoutez attentivement le disque et écrivez !
Pour la transcription, voir CORRIGÉS !

Leçon 17

CHEZ LE MÉDECIN
At the doctor's

Etienne est encore au lit ce matin. Pourtant, il doit être à l'école parce qu'aujourd'hui c'est le dernier jour d'école. Sa mère vient de préparer le repas mais Etienne n'est pas dans la salle à manger parce qu'il dort encore dans son lit. Sa mère entre dans sa chambre. (*(Etienne is still in bed this morning, even though he ought to be in school today because today is the last day of school. His mother has just prepared the meal but Etienne is not in the dining room because he is still in his bed. His mother enters his room*).

LA MÈRE: Etienne, qu'est-ce qui ne va pas?
ETIENNE: Maman, j'ai mal à l'estomac et j'ai des vertiges. Je suis très fatigué.
LA MÈRE: Lève-toi, donc ! Va prendre ta douche ! Nous allons voir le médecin toute de suite.

Dans la salle d'attente, beaucoup de gens sont assis sur les bancs. Quelques-uns s'asseyent par terre. Tout le monde vient à la consultation. Les infirmières se déplacent de la salle d'attente jusqu'au dispensaire. Elles donnent les médicaments prescrits par le médecin aux malades. Elles leurs donnent aussi des piqures.

Bientôt, c'est le tour d'Etienne et sa mère. Ils entrent dans la salle de consultation. Le docteur Mathieu est un excellent médecin. Tout le monde le connaît. Quand Etienne et sa mère sont assis, le docteur demande:

DOCTEUR: Qu'est-ce que tu as Etienne? Tu te portes comment ?

ETIENNE: Docteur, je me sens très mal, j'ai mal à l'estomac et j'ai aussi des vertiges.

LA MÈRE: Docteur, mon fils est très fatigué et il tousse un peu. Il vient de s'évanouir dans la salle d'attente

DOCTEUR: Est-ce qu'il a de la fièvre?

LA MÈRE: Oui, mais pas tellement. Il perd l'appétit de temps en temps.

DOCTEUR: Ca doit être le paludisme. Je vais prescrire quelques médicaments et Etienne, tu dois prendre tes médicaments.

ETIENNE: Oui, docteur, merci beaucoup.

VOCABULAIRE

Être au lit (to be in bed), pourtant (however), vient de (have just), le vertige (dizziness), fatigué (tired), prendre la douche (to take a shower), toute de suite (immediately), salle d'attente (waiting room), sont assis (are seated), les bancs (benches), l'infirmière (nurse), se déplacer (to move about), les médicaments prescrits (prescribed drugs), aux malades (to the sick people/ones), tousser (to cough), la fièvre (fever), perdre l'appétit (to lose appetite), de temps en temps (from time to time), le paludisme (malaria), tu te portes comment? (how are you?), je me sens très mal (i feel very bad).

LES PARTIES DU CORPS (Parts of the body)

La tête (head), l'oeil (eye), les yeux (eyes), Le nez (nose), la bouche (mouth), l'oreille (ear), le cou (neck), l'épaule (shoulder), la poitrine (chest), le ventre (Belly), la jambe (leg), le genou (knee), le pied (foot), la main (hand), le bras (arm), le doigt (finger), le dos (back), la joue (cheek), la cheville (ankle), le cil (eyelash), le front (forehead), les cheveux (hair), le sourcil (eyebrow), les lièvres (lips), les dents (teeth), la nuque (nape of the neck), le poignet (wrist), les fesses (buttocks), le talon (heel), l'ongle (fingernail), l'ongle de pied (toenail).

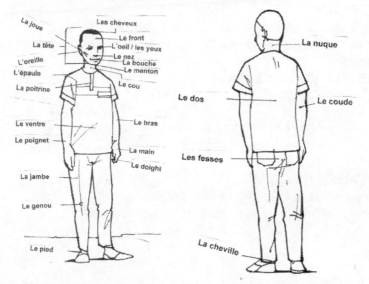

L'EXPRESSION DU SENTIMENT (Expression of feeling)

Pour exprimer les sentiments, on emploie le verbe « Avoir ». Ce verbe est déjà conjugué à la leçon 6.

(In order to express feelings, we use the verb "to have". This verb has already been conjugated in lesson 6)

Les exemples
1. J'ai mal à la tête. (I have a headache).
2. Est-ce que tu as froid? (Are you feeling cold?)
3. Non, je n'ai pas froid, j'ai chaud. (No, I'm not feeling cold, I'm feeling hot).
4. Moi, j'ai mal à l'estomac. (Me, I have stomach ache).
5. Elle a mal au dos. (She has a backache).
6. Il a mal au ventre (He has stomach ache).
7. Vous avez faim? (Are you hungry?)
8. Non nous n'avons pas faim, nous avons soif.
   (No, we are not hungry we are thirsty).
9. Est-ce que vous avez sommeil? (Are you feeling sleepy?)
10. Non, je n'ai pas sommeil, j'ai froid.

(No, I am not feeling sleepy I am feeling cold.)

EXERCICE 17A
Répondez à ces questions, sans regarder aux réponses ci dessus (Answer these questions, without looking at the answers above):
(1) Est-ce que tu as mal aux yeux?
(2) Vous avez faim?
(3) Il a soif?
(4) M. Kachi a sommeil?
Pour les réponses voir corrigés !

LA PAUME (the palm)
Nommer les doights (Name the fingers)
La pouce, l'index, le médius, l'annulaire, l'auriculaire

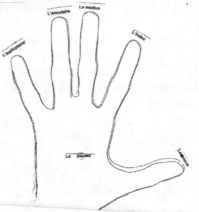

Étudiez ces questions et réponses (study these questions and answers)

A: Qu'est-ce que vous faites/tu fais avec les yeux?
(What do you do with your eyes?)
B: Je vois avec les yeux. (I see with my eyes).

A: Que fais-tu/faites-vous avec le nez?
(What do you do with your nose?)
B: Je respire avec le nez. (I breathe with my nose).

A: Et la bouche? (And the mouth?)

B: Je parle/je mange avec la bouche.

A: Vous faites/tu fais quoi avec les mains?
    (What do you do with your hands?)
B: Je touche/je frappe/j'écris/j'applaudis avec les mains.
    (I touch/I knock/I write/I clap with my hands).

A: Et les pieds? (And the legs?)
B: Je cours/je marche/je joue au football avec les pieds.

A: Et les oreilles?
B: J'écoute / j'entends avec les oreilles.
    (I listen/I hear with the ears).

More conjugations

FAIRE (to do, to make)	VOIR (to see)	REGARDER (to look at/to watch)
Je fais	Je vois	Je regarde
Tu fais	Tu vois	Tu regardes
Il/Elle fait	Il/Elle voit	Il/Elle regarde
Nous faisons	Nous voyons	Nous regardons
Vous faites	Vous voyez	Vous regardez
Ils/Elles font	Ils/Elles voient	Ils/Elles regardent

EXERCICE 17B (Chez le médecin)
(1) Pourquoi Etienne reste-il encore au lit?
(Why is Etienne still in bed?).
(2) Etienne a mal au dos?
(Does Etienne have a backache?)
(3) Qui sont assis dans la salle d'attente?
(Who are seated in the waiting room?)
(4) Que font les infirmières?
(What are the nurses doing?)
(5) Comment s'appelle le docteur/le médecin?
(6) Est-ce qu'Etienne a le paludisme?
NOTE : Pour les réponses voir corrigés !

TIPS ON GRAMMAR

1   LE FUTUR PROCHE
(Near/Immediate Future)

This is formed also using the verb "aller" (to go), hence:
SUJET + ALLER + INFINITIVE (UNCONJUGATED VERB)
= LE FUTUR PROCHE
Remember, "aller" must be conjugated while the second verb (that is the verb that follows it), remains unconjugated. For the meaning, we place it in the present continuous:

For example:
(1) Je vais avoir un cours de Chimie.
(I am going to have a Chemistry lesson).
(2) Nous allons manger dans un instant.
(We are going to eat in an instant).
(3) Ils vont étudier le français en France.
(They are going to study French in France).
(4) Tu vas parler au professeur.
(You are going to speak to the teacher).
(5) Est-ce que vous allez nettoyer la chambre?
(Are you going to clean the room?)
(6) Elle va bientôt voyager en Malaysie.
(She is travelling soon to Malaysia).
2. L'IMPÉRATIF AU FUTUR PROCHE
(Command/Imperative in the near future)

En leçon quatre, nous avons appris l'impératif au présent, comme « levez-vous », « regarde », « n'écoute pas la radio », « asseyons-nous », etc. Dans l'impératif au futur proche, il y a toujours deux verbes ; ALLER + (plus) un autre verbe à l'infinitif. En d'autres termes, ALLER + VERBE = L'IMPERATIF AU FUTUR PROCHE

In lesson four, we learnt "command in the present", as in: "stand up, look, don't listen to the radio, let's sit down, etc.
Command in the near future involves two verbs: "aller" (to go) + (plus) another verb in the infinitive. In other words, "aller" + an

unconjugated verb = command in the near future.

The first step is to conjugate the verb "ALLER":
Je vais (*I am going/I go*)
Tu vas (*You go/are going*)
Il va (*He goes/is going*)
Elle va (*She goes/is going*)
Nous allons (*We go/are going*)
Vous allez (*You go/are going*)
Ils vont (*they go/are going*)
Elles vont (*They go/are going*)

From the passage, we have a command in the near future:
"va prendre ta douche" (go and take a shower). Observe the
presence of the verb "aller" (to go) + and (which is vital in
English) + "take" which in French is "prendre"

Another example is:
✓   Allons voir le docteur ! (let's go and see the doctor).
    Here, the speaker is also involved - in the sense that he is
    also commanding himself. This has a different meaning
    from
✓   Nous allons voir le docteur. (We are going to see the doctor).
✓   Allez parler au concierge ! (Go and speak to the caretaker!)

3.   LE PASSÉ RÉCENT

Le futur proche se forme avec le verbe ALLER, alors que le
PASSÉ RÉCENT se forme le verbe VENIR (to come) et la
préposition DE. La formule de sa formation est :
SUJET + VENIR + DE + INFINITIF = PASSÉ RÉCENT

While « the near future » is formed with the verb ALLER, the «
recent past » is formed by using the verb VENIR (to come) and
the preposition DE. The formula is thus:
SUBJECT + VENIR + DE + INFINITIVE = RECENT PAST.

First of all we conjugate the verb VENIR
Je viens   Nous venons

AT THE DOCTOR'S

Tu viens   Vous venez
Il /Elle vient   Ils/Elles viennent

Although VENIR means « to come », when we combine it with DE and an INFINITIVE, the combination gives us the recent past HAS/HAVE JUST and the infinitive becomes a past tense in English.

For example:
✓ Je viens de manger. JE is the subject, VIENS is the verb « venir », and then there is DE and the INFINITIVE « manger » (to eat), which becomes EATEN in English. So JE VIENS DE MANGER means "I have just eaten".

✓ Tu viens d'arriver? (you have just arrived?).
✓ Nous venons de voir Henriquet. (We have just seen Henriquet).
✓ Je viens de parler au professeur. (I have just spoken with the Teacher).

On peut poser des questions: (We can ask questions)
o Est-ce qu'ils viennent de sortir? (Have they just gone out?)
o Est-qu'elle vient de nettoyer la chambre? (Has she just cleaned the room?)
o Il vient de s'évanouir dans la salle d'attente? (He has just fainted at the waiting room?).

WORD LIST
Trader- (marchand (e), vendeur/vendeuse), my home/my place - (chez moi), to watch (film) - (voir), to diagnose- (diagnostiquer), car - (la voiture), sickness/illness - (la maladie), mechanic - (garagiste), to leave - (partir), puncture - (créver).

EXERCICE 17C
Ecrivez en Français (Write in English)
(1) I have just seen the nurse.
(2) We have just played volleyball.
(3) He has just asked the trader.
(4) Have you just bought this computer?

◆◆◆| 148 |◆◆◆
---

(5) They are going to take a decision soon.
(6) Are you going to see the doctor?
(7) She is going to ask the doctor.
(8) We are not going to look for the umbrella.
Pour les productions possibles, voir corrigés !

DICTÉE 17
Écoutez *attentivement* le disque et écrivez !
Pour la transcription, voir CORRIGÉS !

MILAN A REÇU UNE LETTRE
Milan (has) received a letter

Milan vient de recevoir une lettre. Il s'assied dans le salon pour la lire. Sa soeur entre après quelques minutes. (Milan has just received a letter. He sits in the parlour to read it. His sister enters after a few minutes).

BEATRICE :   Milan, qu'est-ce que tu lis ?
MILAN :   Une lettre de mon ami, Ade.
BEATRICE :   Ade ? Ton ami qui a voyagé à Libreville l'an dernier ?
MILAN :   Oui, avec son oncle. Ils ont passé six semaines à Libreville et ils ont voyagé à Dakar. Sa lettre vient de là.
BEATRICE :   Ah, comme ils voyagent beaucoup ! Ils sont à Dakar maintenant ? Qu'est-ce qu'ils font là-bas?
MILAN :   Ils y habitent maintenant.
             Tu sais, son oncle est un homme d'affaires.
             Il lui faut voyager de temps en temps. Ade fréquente une école en ce moment. Selon lui, l'école est très prestigieuse.
BEATRICE :   Il a de la chance, ton ami. Je peux lire la lettre ?

Dakar

Le 1er février, 2011

Cher Milan,

Salut ! Tout va bien n'est-ce pas? J'écris pour te dire que nous avons attéri sain et sauf à Dakar. Nous avons mis environ cinq heures par avion.

Mon école s'appelle "Le Collège International de Dakar". Elle est bien connue dans tout le pays car elle est prestigieuse. Les professeurs sont excellents et ils aiment bien enseigner.

Les étudiants ici sont très sérieux. Chaque vendredi les professeurs nous donnent des épreuves dans toutes les matières pour le contrôle continu.

Je m'arrête à ce point. La prochaine fois, je vais te parler de Dakar. Dis bonjour à tes parents et à tes cadets de ma part.

Je t'embrasse,

Ade

VOCABULAIRE

Avoir de la chance (to be lucky), attéri (from ATTÉRIR to land that is, an aircraft), sain et sauf (safe and sound), enseigner (to teach), bien connu (well known), épreuves (tests, assignments), matières (subjects), contrôle continu (continuous assessment), je t'embrasse (with love), s'arrêter (to stop oneself).

MORE CONSTRUCTIONS.
J'espère que tu te portes bien? (I hope you are fine?), je me porte bien (I am fine ok).
SALUTATION
Cher oncle (dear uncle), mon cher papa (my dear papa), ma chère tante (my dear aunt), cher ami (dear friend), chère amie

(dear friend feminine).

CLOSING
Ton amie, Yacine (Your friend, Yacine), A bientôt (see you soon), à plus (later), bien amical (kind regards), ton fils dévoué (your devoted son), ta fille dévouée (your devoted daughter), bien à toi (yours ever).

NOTE. When writing an informal letter in French Language, we may include the address or we may decide not to include it. It all depends on the writer.

EXERCICE 18A
Répondez !
1   Qui écrit à Milan ?
2   Ade voyage où d'abord ?
3   Comment s'appelle la soeur de Milan ?
4   Comment s'appelle l'école d'Ade ?
5   Quelle est la profession de l'oncle d'Ade ?
Pour les réponses justes, voir corrigés !

À LA POSTE (*At the post office*)

Observez les mots soulignés ! (*Observe the underlined words*)
❖   Je voudrais acheter des timbres. (*I would like to buy stamps*).
❖   Ok, mais il faut peser votre lettre (*Ok, but we need to weigh your letter*).
❖   Je voudrais aussi envoyer un paquet et un télégramme (*I would like to send a parcel and a telegram*).
❖   Cest combien votre envoi recommandé ? (*How much is your registered mail?*).
❖   Quelle est votre adresse postale ? (*What is your mailing address?*).
❖   Je l'envoie par voie de terre / par voie terrestre (*I am sending it by surface mail that is by land*).
❖   Je l'envoie par voie maritime. (*I am sending it by surface mail that is by sea*).
❖   Vous connaissez son numéro de bôite postale ? (B.P) (*Do*

you know his or her post office box number?).
❖ C'est par tariffe accéléré (*It is by first-class post*).
❖ Ce n'est pas par tariffe normal. (*It is not by second-class post*).
❖ J'ai des lettres / courriers (*I have letters / mails*).
❖ Vous travaillez au Ministère des postes et télécommunications ? (*Do you work at the Ministry of Posts and Telecommunications*).

TIPS ON GRAMMAR

1. THE CONSTRUCTIONS

Envoyer à, recevoir de AND répondre à :
These three are commonly used when we are talking about posting and receiving letters. Here are their conjugations.

ENVOYER	RECEVOIR
J'envoie	Je reçois
Tu envoies	Tu reçois
Il / Elle / On envoie	Il / Elle/ On reçoit
Nous envoyons	Nous recevons
Vous envoyez	Vous recevez
Ils / Elles envoient	Ils / Elles reçoivent.

RÉPONDRE

Je réponds	Nons répondons
Tu réponds	Vous répondez
Il / Elle on répond	Ils / Elles répondent

ENVOYER means to send while ENVOYER A means to sent to. RECEVOIR means to receive while RECEVOIR DE means to receive from. RÉPONDRE means to reply or to respond while RÉPONDRE A means to reply to or to respond to.

We can also expand the preposition "à" because it varies according to the complement; that is the noun which comes after it. So we can have ENVOYER À, AU, AUX, À L' and À LA. There is also RÉPONDRE A, AU, AUX, À L' and À LA. But RECEVOIR

MILAN (HAS) RECEIVED A LETTER

DE, DU, DE LA, DE L' and DES.

Here are some examples :
a.   J'envoie une lettre à Paul. (I am sending a letter to Paul)
b.   Envoyez un message au musicien !
(Send a message to the musician).
NOTE: We used AU because MUSICIEN is masculine and more so, it is not somebody's name. It has to do with occupation and AU actually means TO THE.

c.   N'envoyons pas l'argent à la vendeuse !
(Let's not send the money to the trader).
We used A LA because VENDEUSE has to do with occupation and A LA means TO THE (feminine form).

d.   Le père envoie un cadeau aux enfants.
(The father is sending a gift to the children).
NOTE: ENFANTS is plural and although it has nothing to do with occupation, it is just another appellation, not somebody's name. So we use AUX (to the), which is the plural for both masculine and feminin.

The same explanations go for RÉPONDRE À and RECEVOIR DE.

e.   Il faut répondre à Suzie. (It is necessary to reply Suzie)
f.   Pourquoi vous ne répondez pas à la lettre de Chico ?
    (Why don't you reply Chico's letter?)
g.   Nous reçevons toujours des étudiants.
    (We always receive from the students).
h.   Milan a reçu une letter d'Ade.
    (Milan received a letter from Ade).

EXERCICE 18B
Remplissez les trous avec à, au, à l', à la, aux, de, du, de la, de l' OU des.
1)   Je réponds _____ Sergy.
2)   Nous recevons une lettre _____ Milan.
3)   Pouvez-vous répondre _____ demoiselles?

4)   La secrétaire répond _____ M. Ade.
5)   Elles reçoivent _____ chanteurs.
6)   Vous répondez _____ qui ?
7)   Faut-il répondre _____ étudiants ?
8)   On doit répondre _____ homme ?
9)   Tu reçois ce cadeau _____ artiste ?
10)   Non, je le reçois _____ artistes

Pour les réponses justes, voir corrigés !

2.   LE PASSÉ COMPOSÉ 1 (WITH AVOIR)

This is the PERFECT TENSE. It is used when we are referring or saying what happened in the past. There are 3 forms, but we will concentrate on one in this lesson and that is PASSÉ COMPOSÉ with AVOIR (to have). The verb has been conjugated in Book 1 but we can conjugate it again.

J'ai   Nous avons
Tu as   Vous avez
Il / Elle / On a   Ils / Elles ont

When making a sentence in the perfect tense (passé composé), we use AVOIR first of all and then add the past participle (participe passé). The past participle of the ER verbs is got by removing R and adding an acute accent on the E; (see lesson 1). For example: the past participle of PARLER is parlé; that of MANGER is mangé; that of REGARDER is regardé, etc.

For the IR verbs (2nd group verbs) we simply remove the R. for example; FINIR becomes fini, CHOISIR becomes choisi, while APPLAUDIR becomes applaudi, etc.
The past participle of the 3rd group verbs differs according to their endings. Here is a list of verbs (1st, 2nd and 3rd Groups) and their P.Ps, that is past participles.

VERBES	P. Ps	VERBES	P. Ps
Parler	parlé	vouloir	voulu
Regarder	regardé	élargir	élargi
Frapper	frappé	recevoir	reçu
Employer	employé	avoir	eu

Manger	mangé	faire	fait
Déjeuner	déjeuné	mettre	mis
Envoyer	envoyé	connaître	connu
Ecouter	écouté	vendre	vendu
Jouer	joué	lire	lu
Finir	fini	applaudir	applaudi
Choisir	choisi	grossir	grossi
Répondre	répondu	être	été
Écrire	écrit	prendre	pris
Savoir	su	pouvoir	pu
Voir	vu	courir	couru

NOTEZ: Il faut consulter un dictionnaire bilingue pour les sens des verbs et pour plus de verbes et de participles passé veuillez consulter « Tableaux de Conjugaison » à la fin du livre!
(Look up meanings of these verbs in the bilingual dictionary and for more verbs and their past participle, please, consult "Conjugation Tables" at the end of the book!).

Voici quelques conjugaisons
(Here are some conjugations)

REGARDER
J'ai regardé
Tu as regardé
Il/Elle a regardé
Nous avons regardé
Vous avez regardé
Ils/Elles ont regardé

FINIR
J'ai fini
Tu as fini
Il/Elle fini
Nous avons fini
Vous avez fini
Ils/Elles ont fini

FAIRE
J'ai fait
Tu as fait
Il/Elle a fait
Nous avons fait
Vous avez fait
Ils/Elles ont fait

ÊTRE
J'ai été (I was/I have been)
Tu as été (You were, etc)
Il a été (He was/has been)
Elle a été (She was, etc)
Nous avons été (We were, etc)
Vous avez été (You were, etc)
Ils ont été (They were, etc)
Elles ont été (They were, etc)

AVOIR
J'ai eu (I had/I have had)
Tu as eu (You had, etc)
Il a eu (he had/has had)
Elle a eu (She had/has had)
Nous avons eu (we had, etc)
Vous avez eu (You had, etc)
Ils ont eu (They had, etc)
Elles ont eu (They had, etc)

Maintenant, étudiez les phrases suivantes !
(Now study the following sentences!)
a)   Hier, j'ai envoyé une lettre à Jane. (Yesterday, I sent a letter to Jane).
b)   Nous avons mis environ cinq heures. (It took us about 5 hours).
c)   Qu'est-ce que tu as fait le weekend ? (What did y o u d o during the weekend?)
d)   Ils ont déjeuné ensemble. (They dined together).
e)   Elle a écrit un roman de 450 pages. (She wrote/she has written a novel of 450 pages).
f)   Vous avez voulu partir, n'est-ce pas ? (You wanted to go, isn't it)

OBSERVE the sequence in the 6 sentences !
(a)   J'ai (from AVOIR), envoyé (participe passé, that is, past participle of ENVOYER - to send),
(b)   Nous avons (from AVOIR), mis (from METTRE- to put but in this case "to take"),
(c)   Tu as (from AVOIR), fait (from FAIRE, to do).

EXERCICE 18C
Remplissez les trous avec les formes justes des verbs entre parentheses ! (Fill in the gaps with the correct forms of the verbs in bracket!)
1.   Tu as _____ la télévision ? (regarder).
2.   Il a _____ un accident. (avoir)
3.   Nous avons _____ Kaossi hier. (voir)
4.   J'ai _____ tous les livres de Ben Okri (lire).
5.   Ses parents lui ont _____ une voiture (donner).
6.   On a _____ trouver une solution (pouvoir).
7.   Elle a _____ cette robe (choisir).
8.   Vous avez _____ ma lettre ? (recevoir).
     Pour les réponses justes, voir corrigés !

EXERCICE 18D
Ecrivez en Français ! (write in French!)
1. I sold the shirt to Charles.
2. Did you see my father?
3. What did you eat?
4. He took the umbrella.
5. We played football yesterday.
   Pour les productions possibles, voir corrigés !

DICTÉE 18
Écoutez attentivement le disque et écrivez !
Pour la transcription, voir CORRIGÉS !

Leçon 19

NOUS SOMMES ALLÉS FAIRE DES COURSES
We went shopping

Hier, Arit et son frère, Bossu et leur oncle, M. Samba sont allés faire des courses chez M. kanté. Ils ont acheté beaucoup de choses. Arit raconte l'événement à son amie, Marie. (*Yesterday, Arit and his brother, Bossu and their uncle Mr. Samba went shopping at Mr. Kanté's. They bought a lot of things. Arit narrates the event to her friend, Marie*).

MARIE: Wow. . .! Vous êtes allés chez M. Kanté ? C'est formidable! Qu'est-ce que vous avez acheté ?

ARIT : Moi, j'ai acheté un tissu de soie et des chaussures à haut talons. Bossu a pris un pantalon noir et une chemise prêt-à-porter, des chaussures et des chaussettes. Mon oncle a acheté des bijoux.

MARIE : A qui sont des bijoux ?

ARIT : C'est pour sa fiancée.

MARIE : Et toi tu as aussi pris un bijou ?

ARIT : Oui, un collier en argent. Après avoir quitté la boutique de M. Kanté, nous sommes allés au supermarché. On a acheté quelques bouteilles de vin et un carton de jus de fruit.

MARIE : Combien de minutes êtes-vous restés au supermarché ?

ARIT : Quarante minutes parce que nous sommes aussi allés à l'épicerie où on a acheté un sac de riz et des ingrédients pour préparer de la soupe. Ma mère a préparé de la soupe *edikang ikong*.

MARIE : Et évidemment, ton oncle a acheté beaucoup de légumes et beaucoup d'huile de palme?

ARIT : Oh oui, beaucoup ... De l'épicerie, nous sommes retournés à la maison mais mon oncle est resorti pour inviter sa fiancée chez nous.

MARIE : Quelle chance ! Tu vas bien fêter le Noël.

VOCABULAIRE

Un tissu de soie (silk material), une chemise prêt-à-porter (ready made shirt), à qui (for, to whom), épicerie (grocery), quelle chance (what a luck), fêter (to celebrate), Noël (Christmas), chez nous (our place, our home).

EXERCICE 19A

GOODS AND WHERE THEY CAN BE BOUGHT

Reliez les phrases du GROUPE A à celles qui correspondent au GROUPE B ! (Link sentences in Group A to the corresponding ones in Group B!)

GROUP A
a) Dans une pharmacie
b) Dans une épicerie
c) Dans une librairie
d) Dans une boucherie
e) Dans une papeterie
f) Dans une fruiterie
g) Dans une patisserie
h) Dans une mercerie
i) Dans une brasserie
j) Dans une crêperie
k) Dans une boulangerie

GROUP B
(1) on achète de la viande
(2) on achète des romans
(3) on produit de la bière
(4) on achète des tomates
(5) on achète du pain
(6) on achète des tissus
(7) on achète des crêpes
(8) on achète des médicaments
(9) on achète des stylos
(10) on vend du gâteau.
(11) on vend des fruits

Pour les réponses justes, voir corrigés !

DEMANDER LE PRIX ET MARCHANDER
(Asking for price and bargaining)

Étudiez ce dialogue ! (Study this dialogue !)

MME ANDRÉ : Bonjour madame, je voudrais un kilo de poulet et deux kilos de poisson. C'est combien ?

VENDEUSE : Un kilo de poulet coûte N400 (quatre cents nairas).

MME ANDRÉ : C'est très cher, le poisson.

VENDEUSE : Non, c'est bon marché, mais je peux vendre à N350 (trois cent cinquante).

MME ANDRÉ : C'est le dernier prix ?

VENDEUSE : Oui.

MME ANDRÉ : Bon, ça fait combien, un kilo de poulet et deux kilos de poisson?

VENDEUSE : Ça fait N650 (six cent cinquante naira)

NOTE: We say « c'est trop cher » when we mean that something is too expensive. We say «c'est bon marché» when we mean that something is cheap .The expression BON MARCHÉ literarily means good market.

« *C'est le dernier prix*? » means: "is that the last price?" We ask « ça fait combien?» when we want to know the total of all that we bought. However, we can also use it when we want to say: "how much?" We can also ask questions like «c'est combien?» (How much is it?), «quel est le dernier prix? » (What is the last price?)

TIPS ON GRAMMAR

1. EXPRIMER L'APPARTENANCE
(Expressing possession OR ownership)

There are 3 ways to this: (a) with ÊTRE À (b) by combining the demonstrative pronouns with the contracted articles de du, de, la, etc.

A. ÊTRE À literarily means (to be to) but in order to indicate possession, it means (to be for, to belong to). Here are some examples.

LILY : À qui sont les bijoux ? (to who do the jewelries belong?)

MAC: C'est à sa fiancée (they belong to his fiancée)

LILY : À qui est cette chemise?
MAC : Elle est à David.

Remember, we can also use the other contracted form of À that is
AU, À LA, and AUX. For example:
LILY :   A qui sont ces livres ?
MAC: Ils sont aux étudiants. (They belong to the students)
LILY :   À qui est ce microphone ?
MAC :   Il est au comédien. / Il est à la comédienne ;

2. LE PRONOM DÉMONSTRATIF
(The demonstrative pronoun)

They are:

	SINGULIER	PLURIEL
MASCULIN	Celui	Ceux
FEMININ	Celle	Celles

CELUI and CELLE mean (the one) while CEUX and CELLES
mean (the ones). To indicate possession, they combine with DE,
DU, DE L, DE LA or DES. For example CELUI DE or CELLE DE
(the one of or that of), CELUI DU or CELLE DU
(the one of the OR that of the), CEUX DE LA or CELLES DE
LA (the ones of the).

MAC : À qui sont des bijoux ?
LILY: Ce sont ceux de la chanteuse. (They are that of/ those of
     the singer).
MAC : À qui est cette chemise ?
LILY: C'est celle de Vincent. (It is the one of OR that of Vincent).

NOTE. The demonstrative pronoun agrees in number and in
gender with the noun that it replaces; NOT with the gender of the
owner. BIJOUX is masculine and plural, so we use CEUX which
is also masculine and plural, CHEMISE is feminine and singular,
so we use CELLE, which is also feminine and singular.

EXERCICE 19B
Répondez en employant les pronouns démonstratifs et

l'expression « ÊTRE À »!

1. À qui est cette télévision ?
2. À qui sont ces chaussures ?
3. À qui est l'appareil photo ?
4. À qui sont ces sacs ?
REMEMBER to determine the gender of the nouns before answering the questions !
Pour les productions possibles, voir CORRIGÉS !

3.　　　LE PRONOM INTERROGATIF - LEQUEL
(The interrogative pronoun - LEQUEL)
Un pronoun remplace un nom, alors un pronom interrogatif remplace un nom en posant une question. LEQUEL a quatre (4) formes ; ils sont :
(*A pronoun replaces a noun, so an interrogative pronoun replaces a noun by asking a question. LEQUEL has four forms and they are*):

	SINGULAR	PLURIEL
MASCULIN	Lequel	Lesquels
FEMININ	Laquelle	Lesquelles

The first two - that is the singular mean WHICH ONE, while the last two - that is plural mean WHICH ONES? Here are some examples, observe the underlined words:
a) Il y a deux chemises, laquelle voulez-vous? (There are 2 shirts which one do you want?)

NOTE:　CHEMISE is a feminine word and it is also singular. So, we use LAQUELLE which is feminine and singular.

b) Parmi ces cahiers, lesquels sont à toi ? (Among these notebooks, which ones are yours?)

NOTE:　CAHIERS is masculine and plural, hence we use: LESQUELS, which is also masculine and plural.

In the two examples, nouns have been replaced instead of saying QUELLE CHEMISE VOULEZ VOUS? We use

LAQUELLE to replace QUELLE CHEMISE instead of saying QUELS CAHIERS SONT A TOI?
We use LESQUELS to replace QUELS CAHIERS?

EXERCICE 19C
Remplissez ces trous avec : lequel, laquelle, lesquels, lesquelles !
(Fill these gaps with lequel, laquelle, lesquels, lesquelles !)
1) Parmi ces hommes, _____ est son cousin ?
2) Il y a beaucoup de monde. _____ sont vos parents?
3) Parmi ces portables, _____ est à toi?
4) Chantons des chansons ! _____ aimez-vous ?
5) Il lit un roman. _____ ?
6) Je vois des films. _____ ?
7) Ils essayent des chemises. _____ ?
   Pour les réponses justes, voir corrigés !

On another development, to answer questions asked by any form of LEQUEL, the demonstrative pronouns combine with the relative pronoun QUI and with the preposition DE or A and the preposition of position. For example:

ALI : Il y a deux chemises, laquelle voulez-vous ?
KEN: Je veux celle qui est à droite. (I want the one which is on the right), OR Je veux celle de droite. (I want the one on the right).
ALI Parmi ces gens, lesquels sont vos parents?
KEN : Mes parents sont ceux qui sont au milieu. (My parents are the ones in the middle), OR Mes parents sont ceux du milieu. (My parents are the ones (those) in the middle).

4. L'ARTICLE CONTRACTÉ
(The contracted article)
The contracted articles are used (i) to indicate position or place and (ii) to indicate possession. Now we are going to concentrate on their use to indicate possession.

The articles are:
DU (de + le) used before masculine nouns (occupation or other appellations like boy, baby, etc), which are masculine and which

begin with consonants. E.g: du garçon (of the boy), du chanteur (of the singer).

DE LA (de + la): Used before feminine nouns (occupations or other appellations like girl, woman, etc) which are feminine and which begin with consonants. E.g: de la fille (of the girl), de la secrétaire (of the secretary).

DE L' (du + l') used before both masculine and feminine nouns (occupation or other appellations like man, friend, etc), which are singular and begin with vowels. E.g: de l'homme (of the man), de l'histoire (of the story/history)

DES (de + les) used before masculine and feminine plural. E.g : des femmes (of the women), des hommes (of the men).

DE: used before names of people like Vincent, Michael, Jane, Charles, Mr. Dike, Mme or Mrs Akinola, Zubaïru, Bukky, etc. E.g: de Vincent (of Vincent), de Charles (of Charles), de Mme Akande.

Etudiez ces phrases et observez les mots soulignés !
(Study these sentences and take note of the underlined words!)

a)   C'est le portable de Charles. (It is Charles' handset)
b)   C'est la chemise du garçon. (It is the shirt of the boy).
c)   Ces livres ? Ce sont les livres de l'enfant. (These textbooks; they are the child's textbooks).
d)   Ce sont les cadeaux des élèves. (They are the p u p i l s ' gifts)
e)   Ce sont les voitures de l'homme. (They are the man's cars)
f)   C'est le sac de la fille. (It is the girl's bag).

NOTE: French language does not have 'S or S' (apostrophe S or S apostrophe), so it expands sentences when indicating possession.
Consequently, LE PORTABLE DE CHARLES literarily means "the handset of Charles". LA CHEMISE DU GARÇON "the shirt of the boy".

LES LIVRES DE L'ENFANT "the textbooks of the child", LES CADEAUX DES ÉLÈVES "the gifts of the pupils", LE SAC DE LA FILLE "the bag of the girl".

5   LE PASSÉ COMPOSÉ 2 (AVEC ÊTRE)
Passé Composé (with Être)

With the verb ÊTRE the perfect tense is a bit complex because there is agreement in number and in gender with the subject.

The verbs that use ÊTRE as their auxiliary (helping) verb in the perfect tense (passé composé) are about 16 in number. Below is a list of these verbs and their P.Ps, which is past participle (participe passé).

VERBES	P.Ps	VERBES	P.Ps
Aller	allé(e)	Partir	Parti(e)
Arriver	arrivé(e)	Sortir	sorti(e)
Entrer	entré(e)	Mourir	mort(e)
Monter	monté(e)	Descendre	descendu(e)
Rester	resté(e)	Naître	né(e)
Retourner	retourné(e)	Venir	venu(e)
Rentrer	rentré(e)	Passer par	passé(e)
Tomber	tombé(e)	Devenir	devenu(e)

NOTEZ: Le E entre parenthèse s'emploie quand le verbe fait reference au féminin. Veuillez consulter un dictionnaire bilingue pour les sens des verbs. (*The E in bracket is used when the verb is referring to the feminine. Please, consult a bilingual dictionary for the meanings of the verbs*).

These 16 verbs (as well as their derivatives) are known as MOTION or MOVEMENT VERBS (verbes de mouvement). In normal or simple conjugation (that is, outside reflexive verbs) these 16 verbs are the only ones that take ÊTRE as their auxiliary. Others take AVOIR like we saw in the previous lesson.

To start the conjugation, we first of all conjugate ÊTRE in this way:

Je suis	Nous sommes
Tu es	Vous êtes
Il / Elle / On est	Ils / Elles sont.

When this is done, we then add the past participle of the verb that we wish to conjugate in the Passé Composé. For example: (please, listen to the CD, observe the linkings)

ALLER (to go - somewhere)

Je suis allé(e) (I went to/have gone)

Tu es allé(e) (you went to, etc)
Il est allé (he went to/has gone to)
Elle est allée (she went/has gone)
Nous sommes allé(e)s (we went)
Vous êtes allé(e)s (same as TU)
Ils sont allés (they went to, etc)
Elles sont allées (they went, etc)

VENIR (to come)

Je suis venu (I came/I have come)

Tu es venu (You came, etc)
Il est venu (He came/has come)
Elle est venue (She came, etc)
Nous sommes venus (we came)
Vous êtes venus (Same as TU)
Ils sont venus (They came)
Elles sont venues (They came)

NOTE: There is ageement in number and in gender with the subjects. In «elle est allée», the «participe passé» of the verb agrees in number and in gender with the subject ELLE, which is singular and feminine. «Allés» also agrees with the subjects NOUS, VOUS and ILS, which are all plural.

Like we said before, the extra E in the bracket is used when we refer to ferminine. For example: we say «Je suis allé» if the speaker is a male person, but we say «Je suis allée» if the speaker is a female person.

NAÎTRE (to be born)

Je suis né(e) (I was born)
Tu es né(e) (You were born)
Il est né (He was born)
Elle est née (She was born)
Nous sommes né(e)s (we were born)
Vous êtes né(e)s (you were born)
Ils sont nés (they were born)

PASSER PAR (to pass through a place)

Je suis passé(e)
Tu es passé(e)
Il est passé
Elle est passé(e)
Nous sommes passé(e)s
Vous êtes passé(e)s
Ils sont passés

Elles sont nées (they were born)   Elles sont passée(e)s

NOTE: The verb PASSER can be conjugated by using AVOIR or ETRE as auxiliary depending on the situation or context. For example, please observe the underlined phrases.

A: Elle a passé ses vacances chez une amie (with AVOIR no agreement) (*she spent her holidays at a friend's place*).

B: Elle est passée devant la boulangerie (with ÊTRE - there is agreement) (*She passed in front of the bakery*).

C: Nous avons passé un examen (with AVOIR) (*we sat for an exam*).

D: Nous sommes passés sur le pont (with ÊTRE) (*We passed on top of the bridge*)

E: J'ai voulu te téléphoner, mais il n'a pas passé. (With AVOIR) (*I wanted to telephone you but it did not go*).

F: Vous êtes passés par où? (with ÊTRE) (You passed where? OR Where did you pass?)

PASSER goes with ÊTRE when it has to do with physically passing or crossing a place as in the cases of B, D and F above.

NOTE. In the negative, the conjugated
ÊTRE comes between NE and PAS.
For example:

σ   Je ne suis pas allé au marché hier. (I did not go to the market yesterday)

σ   Ils ne sont pas nés au Japon.
(They were not born in Japan).

σ   Elle n'est pas passée par le parc.
(She did not go through the park).

σ   Pourquoi tu n'es pas venu hier?
(Why didn't you come yesterday ?)

σ   Nous ne sommes pas encore descendus du pont. (We have not yet descended from the bridge).

EXERCICE 19D
Remplissez avec la forme correcte du verbe ÊTRE ! (Fill with the correct form of the verb ÊTRE).

1   Elle _____ rentrée il y a deux jours.
2   Vous _____ sortis à quelle heure ?
3   Qu'est-ce que David _____ devenu ?
4   Nous _____ entrés à midi.
5   Je _____ parti à Londres.
6   Ils _____ passés derrière la poste.
7   Martin, tu _____ arrivé ?
8   Elles _____ déjà descendues.
    Pour les réponses justes, voir corrigés !

EXERCICE 19E
Selon le texte « Nous sommes allés faire des courses ».
(Answer according to the passage « We went shopping »).
Répondez !
1)   Arit raconte l'événement à qui ?
2)   Est-ce que son oncle a acheté quelque chose ?
3)   Ils sont restés combien de minutes au supermarché ?
4)   M. Samba a acheté un peu de légume ?
5)   La mère d'Arit a préparé quelle soupe ?

DICTÉE 19
Écoutez *attentivement* le disque et écrivez !
Pour la transcription, voir CORRIGÉS !

IL S'EST RÉVEILLÉ TRÈS TÔT
He woke up very early

C'est le commencement de la saison des semailles. Les pluies viennent de commencer et chaque matin, les cultivateurs se préparent pour aller au champ. M. Baboh a un très grand champ et ce matin il s'est réveillé très tôt pour y aller. Sa femme s'est aussi réveillée très tôt pour préparer son petit déjeuner.

M. Baboh va au champ avec son fils, Lou et son neveu, Sanda. Ils y vont en bicyclette parce que le champ est très loin du village. Ils y arrivent à 8h 30 et ils commencent à travailler tout de suite. Il fait très beau maintenant mais bientôt, il va faire du soleil.

Puisque c'est le commencement de la saison des semailles, ils commencent par faire des brillons avec la houe et la pelle. M. Baboh arrache des herbes et de petits arbres. Son coupe-coupe est bien aiguisé.

Dans son champ, M. Baboh cultive du maïs, du plantain, de l'igname, de la citrouille et de l'ananas. Il ne sême pas de patates douces parce qu'elles ne poussent pas bien dans cette région. Le climat est humide.

Sa femme plante du manioc, de l'orange et encore de la citrouille dans leur jardin dernière la maison. Pendant la récolte, il y a toujours beaucoup à récolter.

VOCABULAIRE

La saison des semailles/la saison de la plantation (the planting season), pluie (the rain), cultivateur/cultivatrice (farmer), champs (field/farm), pour y aller (to go there), petit déjeuner (breakfast), ils y vont en bicyclette (they go there on bicycle), ils y arrivent (they arrive there), très loin du village (very far from the village), ils commencent à travailler (they start work), toute de suite (immediately), puisque (since/seeing that), brillons (ridges), houe (hoe), pelle (shovel), arrache (FROM : ARRACHER to uproot), coupe-coupe (machete), aiguisé (FROM : AIGUISER to sharpen), cultive du maïs (plants/cultivates maize), igname (yam), citrouille (pumpkin),sême (FROM : SEMER to sow), patates douces (sweet potatoes), poussent (FROM :POUSSER to grow/to germinate), humide (wet), manioc (cassava), dans leur jardin (in their garden), pendant la récolte (during the harvest), récolter (to harvest).

EXERCICE 20A
Répondez ! (selon le texte).
1. Les pluies viennent de commencer ?
2. Quand se réveille M. Baboh ?
3. M. Baboh est cultivateur ?
4. Que cultive-t-il ?
5. Que cultive sa femme ?
6. Les patates douces poussent bien ? Pourquoi ?
7. Y-a-t-il toujours beaucoup à récolter ?
NOTE : Pour les réponses voir corrigés !

PLUS SUR LE TEMPS
More on the weather

We did part of this in Book 2, lesson 7. When we want to know about what the weather looks like or how it is, we say « Quel temps fait-il? ». (What is the weather like OR how is the weather?) We may answer as follows (depending on the weather):

- Il fait beau. (the weather is fine/beautiful)
- Il fait mauvais. (The weather is bad).
- Il fait du soleil. (it is sunny).
- Il fait des nuages/il est nuageux. (it is cloudy).
- Il pleut. (it is raining).
- Il est pluvieux. (it is rainy/ it is raining)
- Il fait du vent. (it is windy).
- Il fait froid. (It is cold)
- Il fait chaud. (it is hot)

We can also use IL Y A. For example:
- Il y a des nuages. (*There are clouds*).
- Il y a du vent. (*There is wind, it is windy*).
- Il y a du soleil. (*There is sunshine/it is sunny*).
- Il y a de l'orage (*There is storm*).
- Il y a du tonnerre. (*There is thunder*).
- Il y a de la neige. (There is snow)

We can also start with LE TEMPS (*The weather*). This is followed by the conjugated form of ETRE (*to be*) and an adjective.
For example:
- Le temps est humide (the weather is humid / wet).
- Le temps est gêlé. (It is freezing)
- Le temps est orageux (*The weather is stormy*).
- Le temps est pluvieux (*The weather is rainy*).
- Le temps est ensoleillé (*The weather is sunny*).
- Le temps est nuageux. (It is cloudy)

Or we can simply say :
- Le temps orageux (*Stormy weather*).
- Le temps ensoleillé (*Sunny weather*).
- Le temps pluvieux (*Rainy weather*).
- Le temps humide (wet / rainy weather)
- Le temps nuageux (cloudy weather).

LES SAISONS (THE SEASONS)
A: Quelles sont les saisons en Afrique Occidentale ?
(What are the seasons in West Africa?).

- Les saisons en Afrique Occidentale sont: la saison des pluies/la saison pluvieuse (rainy season), la saison sèche (dry season) et l'harmattan.

B :   Quelle sont les saisons en Europe ?

- Les saisons en Europe sont : le printemps (*spring*), l'hiver (*winter*), l'automne (*autumn*) et l'été (*summer*).

LES FRUITS (*Fruits*)	LES FRUITIERS (*Fruit trees*)
Une cerise (cherry)	Un cerisier (a cherry tree)
Une pomme (apple)	Un pommier (an apple tree)
Une orange	Un oranger
Une noix de coco (coconut)	Un cocotier (coconut tree)
Un citron (lemon)	Un citronnier
Un pamplemousse (grapefruit)	Un pamplemoussier.
Un ananas (pineapple)	Un ananas (a pineapple tree)
Une banane	Un bananier
Une goyave	Un goyavier (a guava tree)
Une papaye	Un papayer (a paw-paw tree)
Une figue	Un figuier (a fig tree)
Une noix de palme	Un palmier (a palm tree)
Une amande (almond)	Un amandier (almond tree)

NOTE :

Un fruitier AND une fruitière also mean *fruit seller* (masc and fem).

La fruiterie means fruit selling business OR a shop where fruits are sold.

Un fruiticulteur OR une fruiticultrice mean a fruit farmer (masc & fem).

TIPS ON GRAMMAR

1.   LE VERBE PRONOMINAL (Pronominal verb)

Like we said earlier in Book 2, lesson 7, pronominal verbs are recognized by the presence of SE or S' which precedes the verbs. When conjugating them, we make use of the reflexive personal pronouns. Here are some examples of the pronominal verbs: se promener, se laver, s'habiller, se reposer, se coucher, s'appeler, se réveiller, se lever, s'installer, se dépêcher, s'amuser, etc.

What this means is that any verb that does not have SE nor S' is a simple verb and is thus conjugated without those <u>reflexive personal pronoun</u> that we discussed in lesson 7. In case you have forgotten, they are «me/m', te/t', se/s', nous, vous, se/s'». Please refer to lesson 7 for some conjugations!

Etudiez les phrases suivantes ! Observez les mots soulignés ! (Study the following sentences ! Observe the underlined words!)

<u>Réfléchis</u> (Reflexive)
Je <u>me réveille</u> de bonne heure (I wake up early)

<u>Non-réfléchis</u> (Non-reflexive)
Je <u>réveille</u> Bode de bonne heure . (I wake Bode up early)

Elle <u>s'habille</u> bien pour la soirée (she dresses up well for the party)

Elle <u>habille</u> bien l'enfant pour la soirée. (she dresses the child well for the party)

Ils <u>se promènent</u> au stade (They stroll stadium)

Ils <u>promènent</u> les élèves au stade (they walk the pupils to the to the stadium)

Vous ne <u>vous lavez</u> pas le matin. (You don't take your bath in the morning).

Vous ne <u>lavez</u> pas votre bébé le matin. (You don't bathe your baby In the morning).

Tu ne <u>te peignes</u> pas les cheveux ?
(Are you not combing your hair?)

Tu ne <u>peignes</u> pas les cheveux de cet enfant?
(Are you not combing this child's hair?)

In the RÉFLÉCHIS section, the action of the verbs is on the person (the speaker or the subject) while in the NON-RÉFLÉCHIS section the action of the verb is on the object, which is the complement which comes after the verb.

2. VERBE PRONOMINAL À L'IMPÉRATIF
(Reflexive verb in the imperative)

When used in the imperative mood or command, the pronominal verb also concentrates on the 3 persons involved in the imperative (See lesson 4). The 3 persons are TU, NOUS and VOUS and the command here comes in two different ways -- positive and negative.

In the positive, TE changes to TOI while NOUS and VOUS remain the same. Naturally, we do away with the subjects TU, NOUS and VOUS and the reflexive personal pronouns come after the verb.
For example:

- TU T'HABILLES (you are dressing up or you dress up) BUT HABILLE-TOI! (Dress up)
- VOUS VOUS RÉVEILLEZ (You wake up OR you are waking up) BUT: RÉVEILLEZ-VOUS! (Wake up)
- NOUS NOUS AMUSONS (We are enjoying ourselves) BUT AMUSONS-NOUS! (Let's enjoy ourlselves!),
- NOUS NOUS DÉPÊCHONS (We are hurrying up) DÉPÊCHONS-NOUS! (Let's hurry up!).

In the negative, TE comes back and the 3 persons: TE, NOUS, VOUS, all come after the negative pointer NE.
For example:
- NE T'HABILLE PAS! (Don't dress yourself up).
- NE VOUS RÉVEILLEZ PAS! (don't wak yourself up).
- NE NOUS DÉPÊCHONS PAS! (let's not hurry up).

EXERCICE 20B
Groupez les phrases suivantes sous RÉFLÉCHIS et NON RÉFLÉCHIS ! (Group the following sentences under REFLEXIVE AND NON REFLEXIVE!)
1. Nous ne nous dépêchons pas.
2. Il s'arrête à la station service.
3. La police arrête les voleurs.
4. Elles s'amusent de temps en temps.
5. Je vois sa voiture de temps en temps.
6. Arrête-toi au rond-point!
7. Allez, réveillez vos parents!
Pour les réponses justes, voir CORRIGES !

3.   DOUBLE VERB

When 2 verbs are involved, the first is conjugated while the 2nd remains in the infinitive (unconjugated).
For example:

- JE VEUX ME REGARDER DANS LE MIROIR

(*I want to look myself up in the mirror*). Here, the verb VOULOIR is conjugated as VEUX while SE REGARDER is in the infinitive and the Reflexive Personal Pronoun - ME is used because the verb is a pronominal verb, hence it agrees with the subject JE.

Voici plus d'exemples !
Here are more examples!

- Tu aimes te réveiller à quelle heure ? (*At what time do you like waking up?*)
- Elle peut s'amuser toute la journée. (*She can enjoy herself all day long*)
- Nous ne devons pas nous arrêter au rond-point. (*We must not stop at the round-about*).
- Vous allez vous dépêcher. Vous êtes en retard. (*You are going to hurry. You are late*)
- Ils ne veulent plus se promener. (*They no longer want to take a walk*)

EXERCICE 20C
Ecrivez en Français !
1   I like taking a walk beside the beach.
2.   During the harvest, there is no rain.
3.   Are you dressing up now?
4.   We harvest in September.
5.   What do you do at the farm?
6.   Does he like going to bed early?
7.   At last, do you like farming?
8   Do you want to wake up early ?
9.   He should not hurry up.
10.   I would like to settle down in the Bahamas.
NOTE : Pour les réponses voir corrigés !

4. LE PASSÉ COMPOSÉ DES VERBES PRONOMINAUX
(*Passé Composé* of the pronominal verbs)

Aux temps composés, ces verbes sont conjugués avec ETRE, comme les « verbes de mouvement ». Par conséquent, les participes passés doivent s'accorder en nombre et en genre avec les sujets auxquels ils se rapportent. Il faut se rappeler que dans la conjugaison des verbes pronominaux, on emploie les pronoms personnels réfléchis.

(*In compound tenses, these verbs are conjugated with ETRE just like the movement verbs. Hence, the past participles must agree in number and in gender with the subjects they refer to. We should remember that in the conjugation of the pronominal verbs, we make use of the reflexive personal pronouns*).

S'ARRÊTER (To stop oneself)

PRÉSENT	PASSÉ COMPOSÉ
Je m'arrête	Je me suis arrêté (I stopped/I have stopped)
Tu t'arrêtes	Tu t'es arrêté (You stopped/you have stopped)
Il s'arrête	Il s'est arrêté (He stopped/ he has stopped)
Elle s'arrête	Elle s'est arrêtée (She stoppped/ has stopped)
Nous nous arrêtons	Nous nous sommes arrêtés (We stopped, etc)
Vous vous arrêtez	Vous vous êtes arrêtés (Same as TU)
Ils s'arrêtent	Ils se sont arrêtés (They stopped/have stopped)
Elles s'arrêtent	Elles se sont arrêtées (same as above)

REMARQUEZ ; dans le passé composé, la présence des pronoms personnels réfléchis me, te, se, nous, vous, se ; aussi bien que le verbe ETRE suis, es, est, sommes, êtes, sont.

NOTE ; in the « *passé composé* », the presence of the reflexive personal pronouns - me, te, se, nous, vous, se ; as well as the verb ETRE - suis, es, est, sommes, êtes, sont.

In the negative, the reflexive personal pronoun and the verb come between NE and PAS. For example:

- Je ne me suis pas arrêté (I did not stop/ I have not stopped)
- Tu ne t'es pas arrêté (You did not stop / You have not stopped)
- Nous ne nous sommes pas arrêtés. (We did not stop).
- Elles ne se sont pas arrêtées. (They did not stop)

Etudiez les dialogues suivants ! (Study the following dialogues!)
- Vous vous êtes réveillés à quelle heure ? (At what time did you wake up ?
- Je me suis réveillé à 5h 30. (Cinq heures trente) (I woke up at 5h 30)
- Les enfants se sont déjà habillés ? (Are the children already dressed?)
- Non, ils ne se sont pas encore habillés. (No, they are not yet dressed).
- Tu t'es promené à côté de la plage hier ? (Did you take a walk along / beside the beach yesterday?)
- Oui, je me suis promené à côté de la plage hier.

EXERCICE 20D
Répondez à ces questions. Observez les verbes auxiliares : ETRE et AVOIR et employez cela dans votre réponse !
(Answer the following questions. Observe the auxiliary verbs: ETRE and AVOIR and use them in your answer!)

1. Vous vous êtes arêtés à la librairie ? Oui, nous …
2. Merimée s'est installé maintenant à Nairobi ? Non, il…
3. Elle a installé les enfants dans la voiture ? Non, elle…
4. Tu es sorti hier soir ? Oui, je…
5. Les demoiselles se sont bien amusées ? Oui, elles…
6. Elles ont pris un taxi pour aller au bureau ? Oui, elles…
7. Il est tombé de cet arbre ? Non, il…
8. Est-ce qu'on a déjà arrêté les cambrioleurs ? Non, on…

DICTÉE 20
Écoutez attentivement le disque et écrivez !
Pour la transcription, voir CORRIGÉS !

CORRECTIONS

Exercice 4A
1. Le tableau 2.L'image 3. La fille 4. Le garçon 5. La table 6. La mer 7. L'élève. 8. L'argent
9. La chaise 10. Le livre

Exercice 4B
1. Une table 2. Un homme 3. Un cahier 4. Une gare 5. Un magasin 6. Une radio 7. Un tabouret 8. Une cathédrade 9. Une femme 10. Un mouchoir

Exercice 4C
1. Regardez le tableau-noir ! 2. Touchez la porte, ne frappez pas ! 3. N'applaudissez pas ! 4. Donnez-moi mon argent ! 5. N'apportez pas une chaise, apportez un tabouret ! 6. Ecoutons la radio ! 7. Lisez le journal ! 8. Asseyez-vous par terre ! 9. Courons ! 10. Ne sortez pas de la classe ! 11. Cachons le mouchoir ! 12. Ne sortons pas du magasin ! 13. Frappons ! 14. Fermez vos livres ! 15. Croisez les bras !

Exercice 5A
1. Ce sont des princes 2. Ce sont des horloges 3. Ce sont des amis 4. Ce sont des casquettes 5. Ce sont des paniers 6. Ce sont des armoires

Exercice 5B
1. Le premier jour est lundi. 2. Les jours du weekend sont samedi et dimanche. 3. Le dernier jour de l'école est vendredi.

Exercice 5C
1. Les mois de l'année sont janvier, février, mars, avril, mai, juin, juillet, août, septembre, octobre, novembre et décembre. 2. Il y a douze mois dans une année. 3. Le premier mois est janvier. 4. Le deuxième mois est février. 5. Le neuvième mois est septembre 6. Le mois des pâques est mars ou avril. 7. Le mois de Ramadan est août. 8. Le dernier mois est décembre 9. La date d'aujourd'hui est le 6 septembre, 2011. 10. Aujourd'hui est vendredi.

Exercice 5D
1. 2012 (deux mille douze) est une année bisextile
2. Décembre est le mois de noël.

CORRECTIONS

3. Il y a trente et un jours en juillet.
4. Le premier (1ᵉ) octobre est le jour d'indépendance.
5. Aujourd'hui est le jeûne de Ramadan
6. Il n'y a pas de pluie en janvier.
7. Bonne et heureuse année M. Tamla.

Exercice 6A
1. Oui, c'est mon livre/Non, ce n'est pas mon livre. 2. Oui, c'est son chien /Non ce n'est pas son chien. 3. Oui, c'est sa maison /Non, ce n'est pas sa maison. 4. Oui, c'est mon verre/Non, ce n'est pas mon verre. 5. Oui, c'est ma montre /Non ce n'est pas ma montre. 6. Oui, c'est sa tasse /Non ce n'est pas sa tasse 7. Oui, c'est son chat/Non ce n'est pas son chat 8. Oui, ce sont mes pantalons. 9. Oui, ce sont ses marmites /Non ce ne sont pas ses marmites. 10. Oui, c'est notre/votre repas/ Non, ce ne sont pas notre/votre repas. 11. Oui, c'est mon ordinateur/Non, ce n'est pas mon ordinateur. 12. Oui, ce sont leurs parents/Non, ce ne sont pas leurs parents

Exercice 6B
1. Il s'appelle Jacques 2. Il a 13 ans 3. Il habite à Lagos 4. Son école s'appelle École Secondaire Bilingue Renée. 5. Il a 2 frères et une sœur 6. Je m'appelle Awa 7. J'ai 14 ans 8. J'habite à Lomé 9. Mon école s'appelle Alliance Française 10. J'ai 5 frères et 2 soeurs

Exercice 6C
1. Je présente Monique 2. Non, elle est ivoirienne. 3. Elle a 12 ans. 4. Son école est grande. 5. Oui, elle parle bien français. 6. Elle fait son devoir la nuit

Exercice 7B

SE BLESSER	SE COUCHER	S'INSTALLER
Je me blesse	Je me couche	Je m'installe
Tu te blesses	Tu te couches	Tu t'installes
Il/Elle se blesse	Il/Elle se couche	Il/Elle s'installe
Nous nous blessons	Nous nous couchons	Nous nous installons
Vous vous blessez	Vous vous couchez	Vous vous installez
Il/Elles se blessent	Ils/Elles se couchent	Ils/Elles s'installent

Exercice 7C
1. Voudraient 2. Aimerions 3. Voudriez 4. Aimerais 5. Voudrait

Dictée 7
Nous habitons encore à Conakry. A l'école, j'étudie les Sciences parce que je voudrais être médecin. Il ne fréquente pas une école secondaire. Je me présente, je m'appelle Jacques. Asseyez-vous ici ! Quelle est la date d'aujourd'hui?

Exercice 8A

HABITER		PARLER	
J'habite	Nous habitons	Je parle	Nous parlons
Tu habites	Vous habitez	Tu parles	Vous parlez
Il/Elle habite	Ils habitent	Il/Elle parle	Ils/Elles parlent

TRAVAILLER		DEMEURER	
Je travaille	Nous travaillons	Je démeure	Nous démeurons
Tu travailles	Vous travaillez	Tu démeures	Vous démeurez
Il/Elle travaille	Ils/Elles trvaillent	Il/Elle démeure	Ils/Elles démeurent

Beginning French Language

Exercice 8B
1. C'est Bayo 2. Il a 7 ans 3. Il habite à Lagos 4. Non, il est nigérian 5. C'est Annie 6. Elle a 11 ans 7. Elle habite à Bamako 8. Elle est malienne

Exercice 8C
1. Tous 2. Toute 3. Toutes 4. Tout 5. Tous 6. Tout.

Exercice 8D
1. Ils ont 3 enfants 2. Le premier-né est Salif 3. Non, Diara n'est pas le dernier-né. 4. Pierrette a 14 ans. 5. Moi, j'a 15 ans. 6. Les jumeaux sont des garçons 7. Oui, il est l'oncle des jumeaux. 8. Pierrette a 2 frères. 9. Les jumeaux travaillent à Abidjan 10. Les frères de Pierrette s'appellent Salif et Diara. 11. M. Boujou n'a pas de fille. 12. Elle s'appelle Cheyne.

Dictée 8
Un plus deux font trois. J'ai quatre frères et vous? Nous sommes sept dans ma famille. Elle est la benjamine de sa famille. Comment s'appelle ta petite soeur? Quel âge a-t-il? Je suis malienne et toi, tu es aussi malien?

Exercice 9A
1. Audu can't sing/doesn't know how to sing. 2. Do you want (some) tea? 3. He can't write a letter/he doesn't know how to write letter. 4. We want to see the king. 5. They can/may play tennis 6. Can Jean play football/Does Jean know how to play football? 7. Does he also want (some) tea? 8. I can dance R & B in front of everybody.

Exercice 9B

ADORER		DETESTER	
J'adore	Nous adorons	Je déteste	Nous détestons
Tu adores	Vous adorez	Tu détestes	Vous détestez
Il/Elle adore	Ils adorent	Il/Elle déteste	Ils/Elles détestent

Exercice 9C
1. Taiwo aime beaucoup la natation. 2. Non, Winock aime un peu la danse. 3. Ada adore le café. 4. Monique préfère boire du jus de fruit. 5. Non, Taiwo n'adore pas le chant.

Dictée 9
Vous aimez le thé ou le café? Moi, j'aime tous les deux. Le professeur, c'est qui? Nous savons faire la natation et nous pouvons nager à la plage. Le matin mon père boit du vin. Où est le livre français? Le voilà. Le champion c'est lui.

Exercice 10A
1. Vingt heures vingt. 2. Quatorze heures cinquante/Quinze heures moins trois. 3. Vingt trois heures cinquante/minuit moins dix. 4. Une heure (et) quatre. 5. Huit heures huit. 6. Minuit/Zéro heure trente deux. 7. Six heures dix huit. 8. Neuf heures vingt six.

Exercice 10B
1. Ces 2. Cette 3. Ce 4. Ce 5. Ce 6. Ces 7. Ces 8. Cet 9. Cette 10. Ce/ces 11. Cette 12. Cette
Exercice 10C
1. Ce parapluie est grand. 2. Cette horloge est toute neuve 3. Ces chiens ont faim. 4. Ces maisons sont vieilles. 5. Cette ville est calme/tranquille

CORRECTIONS

Exercice 10D

1. Les enfants jouent dans le jardin. 2. Le jardin est derrière le batiment. 3. Le parc de stationnement est devant. 4. Le censeur est dans son bureau. 5. Le calendrier est au mur. 6. Sur la table, il y a des dossiers. 7. La cuvette est sous la table.

Dictée 10

Il est sept heures quarante cinq. Le professeur arrive en avance. Mettez le réveil à midi. Cette année, l'harmattan est très sévère. Ces appartements sont trop chers. Les fenêtres sont à gauche. Qu'est-ce qu'il y a sur la table?

Exercice 11A

1. Dans une boutique, je choisis un jean et un tee shirt. 2. Je fais du 38. 3. J'adore le look décontracté. 4. Je préfère des sandales. 5. Ma tenue préférée est un boubou traditionnel.

Exercice 11B

1.quelle 2.quel 3.quel 4.quelles 5.quels

Exercice 11C

1.étroites 2.courtes 3.larges 4.habillée 5.serrées

Dictée 11

Elle tient une grande maison de couture dans ce quartier. J'ai quatre mètres de tissu. Il aime beaucoup les chemises à manche longue. Ces chaussures sont un peu serrées. Pour aller à la soirée, que mettez-vous: un tee-shirt ou une chemise?

Exercice 12A

1.calme 2.comfortable 3.ancienne 4.classique 5.vieux

Exercice 12B

1. Il se trouve à Cotonou. 2. Elle est située dans la campagne. 3. A droite de mon salon se trouve la télévision. 4. Mon école se trouve à G.R.A ; Ikeja. 5. La maison de mon père/elle se trouve à Porto-Novo, dans la rue Blaise

Exercice 12C

1. construisons 2. s'achète 3. se vend 4. loue 5. achète.

Dictée 12

La maison de mon père est grande, magnifique et moderne. Il vient de se construire une villa. C'est un bel appartement classique et spacieux. Ton école se trouve très près de la rue Bompaï. Le rez-de-chaussée est bruyant. Nous achetons la voiture à Uptown Motors. Combien louez-vous votre appartement par an?

Exercice 13A

1. Les ingrédients du riz au poulet sont : du riz, des tomates fraîches, une boîte de tomate, du piment, de l'oignon, $^1/_2$ litre de l'huile d'arachide, du sel, des épices.
2.Pour faire un gateau, il faut de la farine, du chocolat, du sucre et du vinaigre.

Exercice 13B

1. pétrir 2.versez 3.frire 4.rôtie 5.écorcer

Exercice 13C

1.il faut 2.il faut 3. devez 4.klaxonner 5.devons

Exercice 13D
1.vous devez voir le film 2.je dois écrire à l'avocat 3.on mange et boit tout le temps 4.doivent-ils/ils doivent aller à la banque? 5.il est/est-il nécessaire d'appeler le directeur ? 6.L'homme doit-il entrer ? 7.Nous ne devons pas manger au restaurant. 8.je dois quitter la ville demain. 9.les enfants doivent prier de temps en temps. 10.ne mettez pas trop d'huile ! 11.Mme Coker doit savoir. 12.on doit klaxonner avant de dépasser/doubler. 13.il doit réparer la voiture ? 14.n'appelez plus le garçon 15.les maisons confortables ne sont pas nécessaires

Dictée 13
Je voudrais une recette simple, pas difficile. On doit d'abord laver la viande et le poisson. Vous devez klaxonner avant de doubler. Pour faire du gateau, il faut de la farine et des oeufs. Ils doivent écrire à l'avocat. Faites cuire la sauce. Ce plat est trop épicé.

Exercices 14A
1.Non, je ne prends pas le petit déjeuner à 10h 30. 2.Non, je ne dîne pas dehors. 3.Non, elles ne déjeunent pas maintenant. 4.Non, je ne commanade pas un plat de spaghetti. 5.Non, elle ne me suffit pas.

Exercice 14B
1.Pour le petit déjeuner, je prends une tasse de thé et une tranche de pain. 2.Pour le déjeuner, je prends de l'eba et de la sauce de légumes. 3.Pour le dîner, je veux prendre de la salade de fruits.

Exercice 14C
1.Mon plat préféré c'est du riz au poulet avec des haricots parce que c'est délicieux et équilibré (balanced). 2.J'aime manger à la maison parce que j'aime faire la cuisine.

Dictée 14
Nous avons faim et lui, il a soif. Qu'est-ce que vous prenez pour le petit déjeuner? Les voici, messieurs, bon appétit. Le garçon revient avec l'addition. Je voudrais acheter une bouteille de vin et un kilo de poulet. Comme entrée, je choisis un gâteau. Une boisson de coca vous suffit. Mets-toi au régime pour être en bonne santé.

Exercice 15A
Du portail, vous prenez une mobylette pour le carrefour Indépendance. De là, vous montez un bus qui va à la gare. Vous descendez à BTC, c'est le deuxième carrefour. Il faut prendre un autre bus pour le carrefour Oyingbo. C'est la première rue perpendiculaire à l'avenue Hendrix. Oyingbo est juste en face.

Exercice 15B
1. Voudriez-vous du jus de fruit? 2. Nous voudrions voir la dame. 3. Pourriez-vous organiser la réunion ? 4. Il ne voudrait pas acheter la maison. 5. Ils voudraient obtenir un visa 6.Je pourrais faire un discours pendant 45 minutes.

Exercice 15C
1.Oui, ils y restent/Non, ils n'y restent pas. 2. Oui, nous y allons/Non, nous n'y allons pas. 3. Oui, j'en viens/Non je n'en viens pas. 4. Oui, j'y habite/Non, je n'y habite pas. 5. Oui, il en vient/Non, il n'en vient pas. 6. Oui, ils y vont/ Non, ils n'y vont pas. 7. Oui, nous y allons/Non, nous n'y allons pas. 8. Oui, elles en viennent/Non, elles n'en viennent pas. 9. Oui, j'en viens/Non, je n'en viens pas. 10. Oui, elles y sont/Non, elles n'y sont pas

Dictée 15
Pourriez-vous m'indiquer le chemin? Marchez jusqu'au deuxième carrefour et prenez un

bus pour y arriver. Vous venez de la gare? Non, je n'en viens pas. Comment voyagez-vous aux États Unis? Nous prenons l'avion. On traverse le fleuve en pirogue et le desert à dos de chameau.

Exercice 16A
1.Il est 6h du matin. 2. Son oncle/Il s'appelle M. Samba. 3. Il vend des tissus, des bijoux, des chaussures et des pantoufles. 4. Il veut un pantalon et une chemise prêt-à-porter. 5. Il coûte N250.00 le mètre.

Exercice 16B
1. rouge 2. gris 3. jaune 4. serré 5. noires

Exercice 16C
1.Je suis d'une taille moyenne, mince, d'âge mûr et sympathique. 2. Elles sont en cuir. 3. Il/Elle est en fer. 4. Il est spacieux et rectangulaire. 5. Elles sont en or. 6. Il est en plomb. 7. Il est en bois. 8. Il est en aluminium 9. Il est grand, clair et mince. 10. Elle est très grande et elle est en acier

Dictée 16
Aujourd'hui c'est samedi, nous allons faire des courses. La boutique est très magnifique et bien approvisionnée de tissus. Tu me dois beaucoup d'argent, n'est-ce pas? Le drapeau nigérian est vert, blanc, vert. Quelle est la couleur de cette radio? Ma voiture est toute neuve. Cette table n'est pas en bois, elle est en acier.

Exercice 17A
1. Oui, j'ai mal aux yeux/Non, je n'ai pas mal aux yeux. 2. Oui, j'ai faim/Non, je n'ai pas faim. 3.Oui, il a soif/Non, il n'a pas soif. 4. Oui, il a sommeil/Non, il n'a pas sommeil.

Exercice 17B
1. Parce qu'il a mal à l'estomac. 2. Non, il n'a pas mal au dos. 3. Beaucoup de gens sont dans la salle d'attente. 4. Elles donnent des médicaments et des piqûres aux malades. 5. Il s'appelle Mathieu. 6. Oui, il a du paludisme.

Exercice 17C
1.Je viens de voir l'infirmière. 2. Nous venons de jouer au volleyball. 3. Vous venez de demander au vendeur. 4.Vous venez d'acheter cet ordinateur ? 5. Ils vont bientôt prendre une décision. 6. Allez-vous/Vous allez voir le médecin ? 7. Elle va demander au médecin. 8. Nous allons chercher le parapluie.

Dictée 17
Ma mère vient de préparer le repas mais mon père dort encore dans sa chambre. Nous allons voir le médecin toute de suite. Il y a beaucoup de gens dans la salle d'attente. Je perds l'appétit de temps en temps. Vous avez mal au ventre? Qu'est-ce que nous faisons avec les yeux? Tu viens d'acheter cet ordinateur? Ils vont jouer du tennis.

Exercice 18A
1. Ade écrit à Milan 2.Il voyage d'abord à Libreville 3.Elle s'appelle Béatrice. 4. Son école s'appelle Le Collège International de Dakar. 5. On ne sait pas.

Exercice 18B
1.à Sergy 2. de Milan 3. aux demoiselles 4. à M.Ade 5.des chanteurs 6.à qui 7.aux étudiants 8.à L'homme 9.de l'artiste 10.des artistes

Exercice 18C
1.regardé 2.eu 3.vu 4.lu 5.donné 6.pu 7.choisi 8.reçu

Exercice 18D
1.J'ai vendu la chemise à Charles 2.Vous avez/Tu as vu mon père ? 3.Qu'est-ce que tu as mangé ? 4.Il a pris le parapluie 5.Nous avons joué au football hier.

Dictée 18
Vous écrivez une lettre ou un poème ? Nous avons mis plus de six heures pour finir le travail. Mon école est très prestigieuse. Il a envoyé l'argent. Mon cher papa, salue tous mes cadets de ma part. J'ai reçu ton message. Quelle est votre adresse postale ? Il faut vite répondre à ce télégramme. Ils ont déjeuné à quelle heure ?

Exercice 19A
A = 8, B = 4, C = 2, D = 1, E = 9, F = 11, G = 10, H = 6, I = 3, J = 7, K = 5.

Exercice 19B
1.C'est/Elle est celle d'Ortega. 2.Ce sont celles de mon frère. 3.Il est celui d'Angelina. 4.Ce sont ceux de Mme Bibi

Exercice 19C
1.lequel 2.lesquels 3.lequel 4.lesquelles 5.lequel 6.lesquels 7.lesquelles

Exercice 19D
1.est 2.êtes 3.est 4.sommes 5.suis 6.sont 7.es 8.sont

Exercice 19E
1. Arit raconte à Marie 2.Oui, il a acheté des bijoux. 3. Ils y sont restés quarante minutes 4.Non, il a acheté beaucoup de légumes. 5. Elle prépare de la soupe *edikang ikong*.

Dictée 19
Nous sommes sortis le weekend dernier. Il est venu voir le patron. Vous êtes allés où hier ? Dans une papeterie, on achète des stylos, des crayons, des cahiers et des gommes. A qui sont ces bijoux ? C'est à cette dame, mais cette chemise est celle de mon père. Laquelle aimez-vous ? Tu es né en quelle année, en 1995 (mille neuf cent quatre vingt quinze?)

Exercice 20A
1. Oui, elles viennent de commencer. 2. Il se réveille très tôt. 3. Oui, il est cultivateur. 4. Il cultive du maïs, du plantain, de l'igname, de la citrouille et des ananas. 5. Elle cultive du manioc, de l'orange et de la citrouille. 6. Non, elles ne poussent pas bien parce que le climat est humide. 7. Oui, il y a toujours beaucoup à récolter.

Exercice 20B
Réfléchis = 1, 2, 4, 6. Non réfléchis = 3, 5, 7.

Exercice 20C
1. J'aime me promener au bord de la plage. 2. Pendant la récolte, il n'y a pas de pluie. 3. Vous vous habillez maintenant ? 4. Nous récoltons en septembre. 5. Qu'est-ce que vous faites au champ/à la ferme? 6. Vous aimez vous couchez tôt ? 7. Enfin, aimez-vous cultiver ? 8. Vous voulez vous réveillez tôt ? 9.Il ne doit pas se dépêcher. 10. J'aimerais m'installer dans les Bahamas/aux Bahamas .

CORRECTIONS

Exercice 20D

1.Oui, nous nous sommes arrêtés à la librairie. 2. Non, il ne s'est pas installé à Nairobi.
3.Non, elle n'a pas installé les enfants dans la voiture. 4. Oui, je suis sorti hier. 5.Oui, elles
se sont bien amusées. 6. Oui, elles ont pris un taxi pour y aller. 7. Non, il n'est pas tombé
de l'arbre. 8. Non, on n'a pas arrêté les cambrioleurs.

Dictée 20

Les cultivateurs se préparent pour aller au champ. Ce coupe coupe n'est pas bien
aiguisé. Pourquoi les patates douces ne poussent pas bien dans cette région? Aimez-
vous la goyave? Je me réveille très tôt mais je me lave à 9h. En été, il fait très chaud.
J'aime beaucoup la saison pluvieuse parce qu'il pleut beaucoup.

Tableaux DE CONJUGAISON

Conjugation Tables

ALLER (To go - somewhere)

INDICATIF (The indicative mood)

Présent (The present tense) Compound past)
Je vais (I go /I am going)
Tu vas (You go /you are going)
Il va (he goes/he is going)
Elle va (she goes/she is going)
Nous allons (We go/we are going)

Vous allez (same as TU)
Ils vont (they go/they are going)
Ells vont (they go/are going)

Passé Composé (The Perfect tense or the Compound past)
Je suis allé (I went/I have gone)
Tu es allé (You went/you have gone)
Il est allé (He went/he has gone)
Elle est allée (she went/she has gone)
Nous sommes allés (we went/we have gone)
Vous êtes allés (same as TU)
Ils sont allés (they went/they have gone)
Elles sont allées (they went/they have gone)

IMPÉRATIF (Imperative/Command)
Va (go)   Ne va pas (don't go)
Allons (Let's go)   N'allons pas (let's not go)
Allez (go)   N'allez pas (don't go)

CONDITIONNEL (Conditional)

Presént
J'irais (I would go)
Tu irais (You would go)
Il irait (He would go)
Elle irait (same as above)
Nous irions (We would go)
Vous iriez (same as TU)
Ils iraient (they would go)
Ells iraient (same as above)

Passé
Je serais allé (I would have gone)
Tu serais allé (you would have gone)
Il serait allé (you would have gone)
Elle serait allée (You would have gone)
Nous serions allés (We would have gone)
Vous seriez allés (Same as TU)
Ils seraient allés (they would have gone)
Elles seraient allées (same as above)

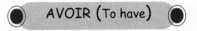

AVOIR (To have)

INDICATIF (The indicative mood)

Présent (The present tense) / Passé Composé (The Perfect tense or the Compound past)

Présent (The present tense)	Passé Composé (The Perfect tense or the Compound past)
J'ai (I have)	J'ai eu (I had/I have had)
Tu as (You have)	Tu as eu (You had/you have had)
Il a (He has)	Il a eu (He had/he has had)
Elle a (She has)	Elle a eu (She had/she has had)
Nous avons (We have)	Nous avons eu (We had/we have had)
Vous avez (You have)	Vous avez eu (You had/you have had)
Ils ont (They have masculine)	Ils ont eu (They had/they have had)
Ells ont (they have feminine)	Elles ont eu (They had/they have had)

IMPÉRATIF (Imperative/Command)

Aie (Have)	N'aie pas (don't have)
Ayons (Let's have)	N'ayons pas (let's not have)
Ayez (Have)	N'ayez pas (don't have)

CONDITIONNEL (Conditional)

Presént	Passé
J'aurais (I would have)	J'aurais eu (I would have had)
Tu aurais (You would have)	Tu aurais eu (You would have had)
Il aurait (He would have)	Il aurait eu (He would have had)
Elle aurait (she would have)	Elle aurait eu (she would have had)
Nous aurions (we would have)	Nous aurions eu (we would have had)
Vous auriez (you would have)	Vous auriez eu (you would have had)
Ils auraient (they would have)	Ils auraient eu (they would have eu)
Elles auraient (they would have)	Elles auraient eu (they would have had)

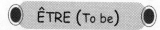

ÊTRE (To be)

INDICATIF (The indicative mood)

Présent (The present tense)

Je suis (I am)
Tu es (You are)

Il est (He is)
Elle est (She is)
Nous sommes (We are)
Vous êtes (You are)
Ils sont (They are masculine)
Elles sont (They are feminine)

Passé Composé (The Perfect or the Compound past)

J'ai été (I was/I have been)
Tu as été (You were/have been)

Il a été (He was/has been)
Elle a été (She was/has been)
Nous avons été (We were/have been)
Vous avez été (You were/have been)
Ils ont été (They were/have been)
Elles ont été (They were/have been)

IMPÉRATIF (Imperative/Command)

Sois (Be)   Ne sois pas (don't be)
Soyons (Let's be) Ne soyons pas (lets not be)
Soyez (Be)   Ne soyez pas (don't be)

CONDITIONNEL (Conditional)

Presént

Je serais (I would be)
Tu serais (You would be)
Il serait (He would be)
Elle serait (She sould be)
Nous serions (We would be)
Vous seriez (You would be)
Ils seraie t (They would be)
Elles seraient (They would be)

Passé

J'aurais été (I would have been)
Tu aurais été (You would have been)
Il aurait été (He would have been)
Elle aurait été (She would have been)
Nous aurions été (We would have been)
Vous auriez été (You would have been)
Ils auraient été (They would have been)
Elles auraient été (They would have been)

CONJUGATION TABLES

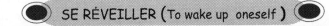

SE RÉVEILLER (To wake up oneself)

Présent (The present tense)

Je me réveille (I wake up)
Tu te réveilles (You wake up)
Il se réveille (He wakes up)
Elle se réveille (she wakes up)
Nous nous réveillons (we wake up)

Vous vous réveillez (same as TU)
Ils se réveillent (they wake up)
Elles se réveillent (they wake up)

Passé Composé (The Perfect or the Compound past)

Je me suis réveillé (I woke up)
Tu t'es réveillé (You woke up)
Il s'est réveillé (He woke up)
Elle s'est réveillée (she woke up)
Nous nous sommes réveillés (we woke up)

Vous vous êtes réveillés (same as TU)
Ils se sont réveillés (they woke up)
Elles se sont réveillées (same as above)

IMPÉRATIF (Imperative/Command)

Réveille-toi (wake up)
Réveillons-nous (lets wake up)
Réveillez-vous (wake up)

Ne te réveille pas (don't wake up)
Ne nous réveillons pas (let's not wake up)
Ne vous réveillez pas (don't wake up)

CONDITIONNEL (Conditional)

Presént

Je me réveillerais (I would wake up)
Tu te réveillerais (You would wake up)

Il se réveillerait (He would wake up)
Elle se réveillerait (she'd wake up)
Nous nous réveillerions (We'd wake)

Vous vous réveilleriez (same as TU)
Ils se réveilleraient (they'd wake up)
Elles se réveilleraient (same as above)

Passé

Je me serais réveillé (I would have woken up)
Tu te serais réveillé (You would have woken up)
Il se serait réveillé (He would have woken up)
Elle se serait réveillée (She'd have woken up)
Nous nous serions réveillés (we'd have woken up)
Vous vous seriez réveillés (same as TU)
Ils se seraient réveillés (they'd have woken up)
Elles se seraient réveillées (same as above)

VERBES DU PREMIER GROUPE (1ST GROUP VERBES) VERBES EN ER (THE ER VERBS)

ADORER (To adore)

INDICATIF

Présent

J'adore (I adore)
Tu adores (you adore)
Il /Elle adore (He/she adores)
Nous adorons (we adore)
Vous adorez (same as TU)
Ils / Elles adorent (they adore)

Passé Composé

J'ai adoré (I adored / I have adored)
Tu as adoré (You adored/you have adored)
Il /Elle a adoré (He /She adored/has adored)
Nous avons adoré (We adored/have adored)
Vous avez adoré (same as TU)
Ils / Elles ont adoré (they adored/have adored)

IMPÉRATIF

Adore (adore)
Adorons (let's adore)
Adorez (adore)

N'adore pas (don't adore)
N'adorons pas (let's not adore)
N'adorez pas (don't adore)

CONDITIONNEL

Presént

J'adorerais (I would adore)
Tu adorerais (You woould adore)
Il/Elle adorerait (He/She would adore)
Nous adorerions (We would adore)

Vous adoreriez (same as TU)
Ils adoreraient (they would adore)

Passé

J'aurais adoré (I would have adored)
Tu aurais adoré (You would have adored)
Il/Elle aurait adoré (He/she would'v)
Nous aurions adoré (We would've adored)
Vous auriez adoré (same as TU)
Ils/Elles auraient adoré (they would've adored)

Abandonner, abîmer, accabler, accepter, avaler, badiner, baisser, baptiser, calculer, calmer, camper, cesser, chercher, citer, frapper, gagner, gonfler, habiter, ignorer, indiquer, jouer, jemeler, kidnapper, laisser, louer, maîtriser, mesurer, noter, observer, orner, perler, planter, questionner, quitter, raconter, réaliser, siffler, supprimer, tabler, téléphoner, tricoter, ululer, uriner, user, utiliser, vacciner, vanter, veiller, visiter, warranter, zester, zoner, etc

CONJUGATION TABLES

● COMMENCER (To start/to commence) ●

INDICATIF

Présent

Je commence (I start/I am stating)

Tu commences (you start/are startin)

Il /Elle commence (He/she starts, etc)

Nous commençons (we start)

Vous commençons (same as TU)

Ils / Elles commencent (they start)

Passé Composé

J'ai commencé (I started/ I have started)

Tu as commencé (You started/you have started)

Il /Elle a commencé (He /She started/has started)

Nous avons commencé (We started/have started)

Vous avez commencé (same as TU)

Ils / Elles ont commencé (they started/have…)

IMPÉRATIF

Commence (start)

Commençons (let's start)

Commencez (start)

Ne commence pas (don't start)

Ne commençons pas (let's notstart)

Ne commencez pas (don't start)

CONDITIONNEL

Presént

Je commencerais (I would start)

Tu commencerais (You'd start)

Il/Elle commencerait (He 'd start)

Nous commencerions (We would….)

Vous commeneriez (same as TU)

Ils commenceraient (they'd start)

Passé

J'aurais commené (I would have started)

Tu aurais commencé (You'd have started)

Il/Elle aurait commencé (He/she would've …)

Nous aurions commencé (We would've…)

Vous auriez commencé (same as TU)

Ils/Elles auraient commencé (they would've…)

OTHER VERBS WHICH MAY BE CONJUGATED IN THE SAME FORM AS «COMMENCER », THAT IS THE CER VERBS. PLEASE NOTE THAT THE «PARTICIPE PASSÉ » OF THESE VERBS END IN é. THIS IS GOT BY REMOVING THE FINAL R AND PUTTING AN ACUTE ACCENT ON THE E, THUS we have é

Acquiescer, agacer, agencer, amorcer, annoncer, avancer, balancer, bercer, cadencer, coincer, concurrencer, défoncer, déplacer, divorcer, écorcer, efforcer, élancer, exaucer, financer, froncer, garancer, glacer, grincer, immiscer, joncer, lancer, menacer, nuancer, percer, pincer, prononcer, renoncer, rincer, saucer, sucer, tiercer, tracer, etc

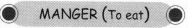

MANGER (To eat)

INDICATIF

Présent
Je mange (I eat/I am eating)
Tu manges (you eat /are eating)
II /Elle mange (He/she eats, etc)
Nous mangeons (we eat)
Vous mangez (same as TU)
Ils / Elles mangent (they eat)

Passé Composé
J'ai mangé (I ate/ I have eaten)
Tu as mangé (You ate/you have eaten)
II /Elle a mangé (He /She ate/has eaten)
Nous avons mangé (We ate/have eaten)
Vous avez mangé (same as TU)
Ils / Elles ont mangé (they ate/have eaten)

IMPÉRATIF

Mange (eat)
Mangeons (let's eat)
Mangez (eat)

Ne mange pas (don't eat)
Ne mangeons pas (let's not eat)
Ne mangez pas (don't eat)

CONDITIONNEL

Presént
Je mangerais (I would eat)
Tu mangerais (You woould eat)
II/Elle mangerait (He would eat)
Nous mangerions (We would….)
Vous mangeriez (same as TU)
Ils mangeraient (they would eat)

Passé
J'aurais mangé (I would have eaten)
Tu aurais mangé (You would have eaten)
II/Elle aurait mangé (He/she would've …)
Nous aurions mangé (We would've eaten)
Vous auriez mangé (same as TU)
Ils/Elles auraient mangé (they would've…)

OTHER VERBS WHICH MAY BE CONJUGATED IN THE SAME FORM AS «MANGER», that is the - GER verbs. PLEASE NOTE THAT THE «PARTICIPE PASSÉ» OF THESE VERBS END IN é. THIS IS GOT BY REMOVING THE FINAL R AND PUTTING AN ACUTE ACCENT ON THE E, THUS WE HAVE é

Allonger, aménager, arranger, bouger, briger, changer, charger, converger, corriger, décharger, décourager, déranger, engager, émarger, emménager, fumiger, héberger, langer, linger, loger, longer, luger, manager, mélanger, obliger, nager, neiger, oranger, ouvrager, plonger, prolonger, purger, rengorger, saccager , singer, venger, voyager, etc

MENER (To lead)

INDICATIF

Présent
Je mène (I lead/I am leading)
Tu mènes (you lead /are leading)
Il /Elle mène (He/she leads, etc)
Nous menons (we lead, etc)
Vous menez (same as TU)
Ils / Elles mènent (they lead)

Passé Composé
J'ai mené (I led/ I have led)
Tu as mené (You led/you have led)
Il /Elle a mené (He /She led/has led)
Nous avons mené (We led/have led)
Vous avez mené (same as TU)
Ils / Elles ont mené (they led/have led)

IMPÉRATIF
Mène (lead)
Menons (let's lead)
Menez (lead)

Ne mène pas (don'tl ead)
Ne menons pas (let's not lead)
Ne menez pas (don't lead)

CONDITIONNEL

Presént
Je mènerais (I would lead)
Tu mènerais (You woould lead)
Il/Elle mènerait (He woould lead)
Nous mènerions (We would....)
Vous mèneriez (same as TU)
Ils mèneraient (they would lead)

Passé
J'aurais mené (I would have led)
Tu aurais mené (You would have led)
Il/Elle aurait mené (He/she would've ...)
Nous aurions mené (We would've led)
Vous auriez mené (same as TU)
Ils/Elles auraient mené (they would've...)

OTHER VERBS WHICH MAY BE CONJUGATED IN THE SAME
FORM AS «MENER », THAT IS THE VERBS THAT HAVE
DUMB -**E** OR AN <u>ACUTE ACCENT</u> ON THE LAST BUT ONE
SYLLABLE. PLEASE NOTE THAT THE «PARTICIPE PASSÉ»
OF THESE VERBS END IN é. THIS IS GOT BY REMOVING
THE FINAL R AND PUTTING AN ACUTE ACCENT ON THE E,
THUS WE HAVE é

Acheter, achever, adhérer, adultérer, agglomérer, altérer, arriérer,
assener, avérer, blasphémer, céder, compléter, decréter,
décéder, gréser, interpréter, etc.

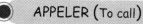 APPELER (To call)

INDICATIF

Présent
J'appelle (I call/I am calling)
Tu appelles (you call /are calling)
Il /Elle appelle (He/she calls, etc)

Nous appelons (we call, etc)

Vous appelez (same as TU)
Ils / Elles appellent (they call)

Passé Composé
J'ai appelé (I called/ I have called)
Tu as appelé (You called/you have called)
Il /Elle a appelé (He /She called / has called)
Nous avons appelé (We called/have called)
Vous avez appelé (same as TU)
Ils / Elles ont appelé (they called/have called)

IMPÉRATIF
Appelle (call)
Appelons (let's call)
Appelez (call)

N' appelle pas (don't call)
N'appelons pas (let's not call)
N 'appelez pas (don't call)

CONDITIONNEL

Presént
J'appellerais (I would call)
Tu appellerais (You woould call)
Il/Elle appellerait (He would call)
Nous appellerions (We would....)
Vous appelleriez (same as TU)
Ils appelleraient (they would call)

Passé
J'aurais appelé (I would have called)
Tu aurais appelé (You would have called)
Il/Elle aurait appelé (He/she would've ...)
Nous aurions appelé (We would've called)
Vous auriez appelé (same as TU)
Ils/Elles auraient appelé (they would've...)

OTHER VERBS WHICH MAY BE CONJUGATED IN THE SAME FORM AS
« APPELER »

Amonceler, atteler, brigueter, cacheter, canneler, carreler, chevroter, jeter, colleter, renouveler, souffleter, surjeter, tacheter, taveler, voleter, etc

CONJUGATION TABLES

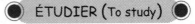

ÉTUDIER (To study)

INDICATIF
Présent
J'étudie (I study/I am studing)
Tu érudies (you study /are studying)
Il /Elle étudie(He/she studies, etc)
Nous étudions (we study, etc)

Vous étudiez (same as TU)
Ils / Elles étudient (they study)

Passé Composé
J'ai étudié (I studied/ I have studied)
Tu as étudié (You studied/you have studied)
Il /Elle a étudié (He /She studied/has studied)
Nous avons étudié (We studied /have studied)

Vous avez étudié (same as TU)
Ils / Elles ont étudié (they studied/have studied)

IMPÉRATIF
Étudie (study)
Étudions (let's study)
Étudiez (study)

N' étudie pas (don't study)
N étudions pas (let's not call)
N 'étudiez pas (don't study)

CONDITIONNEL
Presént
J'étudierais (I would study)
Tu étudierais (You woould study)
Il/Elle étudierait (He would study)
Nous étudierions (We would….)

Vous étudierez (same as TU)
Ils étudieraient (they would study)

Passé
J'aurais étudié (I would have studied)
Tu aurais étudié (You would have studied)
Il/Elle aurait étudié (He/she would've …)
Nous aurions étudié (We would've studied)

Vous auriez étudié (same as TU)
Ils/Elles auraient étudié (they would've…)

OTHER VERBS WHICH MAY BE CONJUGATED IN THE SAME FORM AS
«ÉTUDIER»

Apprécier, amodier, anémier, béatifier, bonifier, calomnier, charrier, complexifier, crier, dactylographier, dédier, défier, édifier, envier, fier, fructifier, glorifier, identifier, initier, justifier, licencier, marier, modifier, mystifier, orthographier, pallier, pétrifier, sacrifier, unifier, vérifier, vivifier, etc.

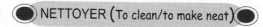

NETTOYER (To clean/to make neat)

INDICATIF

Présent
Je nettoie (I clean/I am cleaning)
Tu nettoies (you clean /are cleaning)

Il /Elle nettoie(He/she cleans, etc)

Nous nettoyons (we clean, etc)

Vous nettoyez (same as TU)
Ils / Elles nettoient (they clean)

Passé Composé
J'ai nettoyé (I cleaned/ I have cleaned)
Tu as nettoyé (You cleaned/you have cleaned)
Il /Elle a nettoyé (He /She cleaned/has cleaned)
Nous avons nettoyé (We cleaned /have cleaned)
Vous avez nettoyé (same as TU)
Ils / Elles ont nettoyé (they cleaned)

IMPÉRATIF
Nettoie (clean)
Nettoyons (let's clean)
Nettoyez (clean)

Ne nettoie pas (don't clean)
N e nettoyons pas (let's not study)
N e nettoyez pas (don't clean)

CONDITIONNEL

Presént
Je nettoierais (I would clean)
Tu nettoierais (You woould clean)

Il/Elle nettoierait (He would clean)
Nous nettoierions (We would....)

Vous nettoieriez (same as TU)
Ils nettoieraient (they would clean)

Passé
J'aurais nettoyé (I would have cleaned)
Tu aurais nettoyé (You would have cleaned)
Il/Elle aurait nettoyé (He/she would've ...)
Nous aurions nettoyé (We would've cleaned)
Vous auriez nettoyé (same as TU)
Ils/Elles auraient nettoyé (they would've...)

OTHER VERBS WHICH MAY BE CONJUGATED IN THE SAME FORM AS «NETTOYER»

Aboyer, apitoyer, appuyer, broyer, côtoyer, employer, ennuyer, essuyer, flamboyer, foudroyer, ployer, etc

CONJUGATION TABLES

VERBES DU DEUXIÈME GROUPE (2ND GROUP VERBS)
VERBES EN IR (THE IR VERBS)

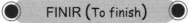 FINIR (To finish)

INDICATIF

Présent
Je finis (I finish/I am finishing)
Tu finis (you finish /are finishing)
Il /Elle finit (He/she finishes, etc)

Nous finissons (we finsh, etc)
Vous finissez (same as TU)
Ils / Elles finissent (they finish)

Passé Composé
J'ai fini (I finished/ I have finished)
Tu as fini (You finished/you have finished)
Il /Elle a fini (He /She finished/has finished)

Nous avons fini (We finished /have finished)
Vous avez fini (same as TU)
Ils / Elles ont fini (they finished)

IMPÉRATIF
Finis   (finish)
Finissons (let's finish)
Finissez (finish)

Ne finis pas (don't finish)
N e finissons pas (let's not finish)
N e finissez pas (don't finish)

CONDITIONNEL

Presént
Je finirais (I would finish)
Tu finirais (You woould finish)
Il/Elle finirait (He would finish)
Nous finirions (We would....)
Vous finiriez (same as TU)
Ils finiraient (they would finish)

Passé
J'aurais fini (I would have finished)
Tu aurais fini (You would have finished)
Il/Elle aurait fini (He/she would've ...)
Nous aurions fini (We would've finished)
Vous auriez fini (same as TU)
Ils/Elles auraient fini (they would've...)

OTHER VERBS WHICH MAY BE CONJUGATED IN THE SAME FORM AS «FINIR», that is the GROUP 2 OR THE -IR verbs. PLEASE NOTE THAT THE «PARTICIPE PASSÉ » OF THESE VERBS END IN I. THIS IS GOT BY REMOVING THE FINAL **R** THUS WE HAVE **I** AT THE END.

Abolir, aboutir, accomplir, accroupir, adoucir, affaiblir, anéantir, applaudir, appointir, assujettir, atterir, bannir, bénir, blanchir, bleuir, bondir, brandir, brunir, candir, chancir, clapir, décrêpir, définir, démolir, dépolir, désemplir, divertir, doucir, ébahir, élargir, enchérir, enlaidir, établir, fléchir, fleurir, froidir, garantir, gauchir, gémir, grandir, gravir, grossir, havir, honnir, impartir, investir, jaillir, jouir, languir, lotir, louchir, maigrir, matir, mincir, meurtrir, moisir, munir, obéir, obscurcir, ourdir, pâlir, périr, pétrir, polir, pourrir, punir, rabonnir, raccourcir, raffraîchir, ravir, réagir, remplir, retentir, réussir, rougir, roussir, saisir, subir, tapir, tartir, terrir, tiédir, unir, vomir, etc

VERBES DU TROISIEME GROUPE (3RD GROUP VERBES)
LES VERBES IRREGULIERS (THE IRREGULAR VERBS)

● OBTENIR (To get/to obtain) ●

INDICATIF
Présent
J'obtiens (I get/I am getting)
Tu obtiens (you obtain /are getting)
Il /Elle obtient (He/she gets, etc)
Nous obtenons (we get, etc)
Vous obtenez (same as TU)
Ils / Elles obtiennent (they got)
Qu'ils/Qu'elles obtiennent

Passé Composé
J'ai obtenu (I obtained/ I have obtained)
Tu as obtenu (You got/you have got)
Il /Elle a obtenu (He /She got/has got)
Nous avons obtenu (We got /have obtained)
Vous avez obtenu (same as TU)
Ils / Elles ont obtenu (they obtained)
Qu'ils /Qu'elles aient obtenu

IMPÉRATIF
Obtiens (get)
Obtenons (let's obtain)
Obtenez (get)

N'obtiens pas (don't get)
N'obtenons pas (let's not get)
N'obtenez pas (don't obtain)

CONDITIONNEL
Presént
J'obtiendrais (I would get)
Tu obtiendrais (You woould get)
Il/Elle obtiendrait (He would got)
Nous obtiendrions (We would.)
Vous obtiendriez (same as TU)
Ils obtiendraient (they would get)

Passé
J'aurais obtenu (I would have get)
Tu aurais obtenu (You would have get)
Il/Elle aurait obtenu (He/she would've …)
Nous aurions obtenu (We would've got)
Vous auriez obtenu (same as TU)
Ils/Elles auraient obtenu (they would've…)

OTHER VERBS WHICH MAY BE CONJUGATED IN THE SAME FORM AS «OBTENIR». PLEASE NOTE THAT THE «PARTICIPE PASSÉ » OF THESE VERBS END IN U. THIS IS GOT BY REMOVING THE FINAL **IR** THUS WE HAVE **U** AT THE END.

S'ABSTENIR, appartenir, contenir, detenir, entretenir, maintenir, retenir, soutenir, VENIR, advenir, circonvenir, contrevenir, convenir, disconvenir, intervenir, SE SOUVENIR, survenir, etc.

NOTE : The verbs written in capital letter are conjugated with ETRE in the passé composé.

Conjugation Tables

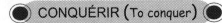

CONQUÉRIR (To conquer)

INDICATIF

Présent

Je conquiers (I conquer/am conquering)
Tu conquiers (you conquer , etc)
II /Elle conquiert (He/she conquers, etc)
Nous conquérons (We conquer. etc)
Vous conquérez (Same as TU)
Ils / Elles conquièrent (they conquer, etc)

Passé Composé

J'ai conquis (I conquered/I have …)
Tu as conquis (You conquered, etc)
II /Elle a conquis (He conquered.etc)
Nous avons conquis (We conquered)
Vous avez conquis (Same as TU)
Ils / Elles ont conquis (they conquered)

IMPÉRATIF

Conquiers
Conquérons
Conquérez

Ne conquiers pas
Ne conquérons pas
Ne conquérez pas

CONDITIONNEL

Presént

Je conquerrais
Tu conquerrais
II/Elle conquerrait
Nous conquerrions
Vous conquerriez
Ils conquerraient

Passé

J'aurais conquis
Tu aurais conquis
II/Elle aurait conquis
Nous aurions conquis
Vous auriez conquis
Ils/Elles auraient conquis

OTHER VERBS WHICH MAY BE CONJUGATED IN THE SAME FORM AS «CONQUERIR». PLEASE NOTE THAT THE «PARTICIPE PASSÉ » OF THESE VERBS END IN IS. THIS IS GOT BY REMOVING THE FINAL **ERIR** THUS WE HAVE **UIS** AT THE END.

➢ Acquérir
➢ Enquérir
➢ Quérir
➢ Reconquérir
➢ Requérir

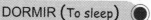

DORMIR (To sleep)

INDICATIF

Présent

Je dors (I sleep/I am sleeping)
Tu dors (you sleep /are sleeping)
II /Elle dort (He/she sleeps, etc)
Nous dormons (we sleep, etc)
Vous dormez (same as TU)
Ils / Elles dorment (they sleep)

Passé Composé

J'ai dormi (I slept/ I have slept)
Tu as dormi (You slept/you have slept)
II /Elle a dormi (He /She slept/has slept)
Nous avons dormi (We slept /have slept)
Vous avez dormi (same as TU)
Ils / Elles ont dormi (they slept)

IMPÉRATIF

Dors   (sleep)
Dormons   (let's sleep)
Dormez (sleep)

Ne dors pas (don't sleep)
N e dormons pas (let's not sleep)
N e dormez pas (don't sleep)

CONDITIONNEL

Presént

Je dormirais (I would sleep)
Tu dormirais (You woould sleep)
II/Elle dormirait (He would sleep)
Nous dormirions (We would....)
Vous dormiriez (same as TU)
Ils dormiraient (they would sleep)

Passé

J'aurais dormi (I would have slept)
Tu aurais dormi (You would have slept)
II/Elle aurait dormi (He/she would've ...)
Nous aurions dormi (We would've slept)
Vous auriez dormi (same as TU)
Ils/Elles auraient dormi (they would've...)

OTHER VERBS WHICH MAY BE CONJUGATED IN THE SAME
FORM AS «DORMIR». NOTE THAT THE «PARTICIPE PASSÉ »
OF THESE VERBS END IN I. THIS IS GOT BY REMOVING THE
FINAL **R** AND THEN ADDING I, THUS WE HAVE **I** AT THE END.

- ➢ Endormir
- ➢ Redormir
- ➢ Rendormir
- ➢ S'endormir
- ➢ Se rendormir

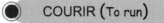

COURIR (To run)

INDICATIF
Présent
Je cours (I run/I am running)
Tu cours (you run /are running)
Il /Elle cour (He/she runs, etc)
Nous courons (we run, etc)
Vous courez (same as TU)
Ils / Elles courent (they run)

Passé Composé
J'ai couru (I ran/ I have ran)
Tu as couru (You ran/you have ran)
Il /Elle a couru (He /She ran/has ran)
Nous avons couru (We ran /have ran)
Vous avez couru (same as TU)
Ils / Elles ont couru (they ran)

IMPÉRATIF
Cours   (run)
Courons   (let's run)
Courez   (sleep)

Ne cours pas (don't run)
N e courons pas (let's not run)
N e courez pas (don't run)

CONDITIONNEL
Presént
Je courirais (I would run)
Tu courirais (You woould run)
Il/Elle courirait (He would run)
Nous couririons (We would....)
Vous couririez (same as TU)
Ils couriraient (they would run)

Passé
J'aurais couru (I would have ran)
Tu aurais couru (You would have ran)
Il/Elle aurait couru (He/she would've …)
Nous aurions couru (We would've ran)
Vous auriez couru (same as TU)
Ils/Elles auraient couru (they would've…)

INFINITIF (Infinitive/Unconjugated)
Présent
Courir   (to run)

Passé
avoir couru (having ran)

PARTICIPE
Présent
courant

Passé
ayant couru (having ran)

OTHER VERBS WHICH MAY BE CONJUGATED IN THE SAME
FORM AS «COURIR». THAT IS VERBS IN RIR. NOTE THAT
THE «PARTICIPE PASSÉ » OF THESE VERBS END IN U.
THIS IS GOT BY REMOVING THE FINAL **IR** AND ADDING U,
THUS WE HAVE **U** AT THE END.

- ➤ Accourir
- ➤ Concourir
- ➤ Disconcourir
- ➤ Encourir
- ➤ Parcourir
- ➤ Recourir
- ➤ Secourir

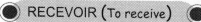

RECEVOIR (To receive)

INDICATIF

Présent
Je reçois (I receive/I am…)
Tu reçois (you receive /are…)
Il /Elle reçoit (He/she receives, etc)

Nous recevons (we receive, etc)

Vous recevez (same as TU)
Ils / Elles reçoivent (they receive)

Passé Composé
J'ai reçu (I received/ I have received)
Tu as reçu (You received/you have received)
Il /Elle a reçu (He /She received/has received)
Nous avons reçu (We received /have received)
Vous avez reçu (same as TU)
Ils / Elles ont reçu (they received)

IMPÉRATIF
Reçois (receive)
Recevons (let's receive)
Recevez (receive)

Ne reçois pas (don't receive)
N e recevons pas (let's not receive)
N e recevez pas (don't receive)

CONDITIONNEL

Presént
Je recevrais (I would receive)
Tu recevrais (You woould receive)
Il/Elle recevrait (He would receive)
Nous recevrions (We would….)
Vous recevriez (same as TU)
Ils recevraient (they would receive)

Passé
J'aurais reçu (I would have received)
Tu aurais reçu (You would have received)
Il/Elle aurait reçu (He/she would've …)
Nous aurions reçu (We would've receivd)
Vous auriez reçu (same as TU)
Ils/Elles auraient reçu (they would've…)

OTHER VERBS WHICH MAY BE CONJUGATED IN THE SAME FORM AS «RECEVOIR». THAT IS VERBS IN CEVOIR. NOTE THAT THE «PARTICIPE PASSÉ » OF THESE VERBS END IN U. THIS IS GOT BY REMOVING THE FINAL **EVOIR**

AND ADDING U, THUS WE HAVE **ÇU** AT THE END.

➢ Apercevoir
➢ Concevoir
➢ Décevoir
➢ Percevoir

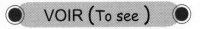

VOIR (To see)

INDICATIF
Présent
Je vois (I see/I am seeing)
Tu vois (you see /are seeing)
Il /Elle voit (He/she sees, etc)
Nous voyons (we see, etc)
Vous voyez (same as TU)
Ils / Elles voient (they see)

Passé Composé
J'ai vu (I saw/ I have seen)
Tu as vu (You saw/you have seen)
Il /Elle a vu (He /She saw/has seen)
Nous avons vu (We saw /have seen)
Vous avez vu (same as TU)
Ils / Elles ont vu (they saw/have seen)

IMPÉRATIF
Vois (see)   Ne vois pas (don't see)
Voyons (let's see)   N e voyons pas (let's not see)
Voyez (see)   N e voyez pas (don't see)

CONDITIONNEL
Presént
Je verrais (I would see)
Tu verrais (You woould see)
Il/Elle verrait (He would see)
Nous verrions (We would see)
Vous verriez (same as TU)
Ils verraient (they would see)

Passé
J'aurais vu (I would have seen)
Tu aurais vu (You would have seen)
Il/Elle aurait vu (He/she would've seen)
Nous aurions vu (We would've seen)
Vous auriez vu (same as TU)
Ils/Elles auraient vu (they would've…)

OTHER VERBS WHICH MAY BE CONJUGATED IN THE SAME
FORM AS «VOIR»

➢   Entrevoir
➢   Prévoir
➢   Revoir

SAVOIR (To know)

INDICATIF

Présent

Je sais (I know/I am knowing)
Tu sais (you know /are knowing)
II /Elle sait (He/she knows, etc)
Nous savons (we know, etc)
Vous savez (same as TU)
Ils / Elles savent (they know)

Passé Composé

J'ai su (I knew/ I have known)
Tu as su (You knew/you have known)
II /Elle a su (He /She knew/has known)
Nous avons su (We knew /have known)
Vous avez su (same as TU)
Ils / Elles ont su (they knew/have known)

IMPÉRATIF

Sache (know)
Sachons (let's know)
Sachez (know)

Ne sache pas (don't know)
N e sachons pas (let's not know)
N e sachez pas (don't know)

CONDITIONNEL

Presént

Je saurais (I would know)
Tu saurais (You woould know)
II/Elle saurait (He would know)
Nous saurions (We would know)
Vous sauriez (same as TU)
Ils sauraient (they would know)

Passé

J'aurais su (I would have known)
Tu aurais su (You would have known)
II/Elle aurait su (He/she would've known)
Nous aurions su (We would've known)
Vous auriez su (same as TU)
Ils/Elles auraient su (they would've known

Conjugation Tables

 DEVOIR (to owe someone - Generally used to show obligation)

INDICATIF
Présent
Je dois (I must / I should)
Tu dois (you must /you should)
Il /Elle doit (He/she must/should)
Nous devons (we must/we should)
Vous devez (same as TU)
Ils / Elles doivent (they must)

Passé Composé
J'ai dû
Tu as dû
Il /Elle a dû
Nous avons dû
Vous avez dû (same as TU)
Ils / Elles ont dû

IMPÉRATIF
Dois   Ne dois pas
Devons   N e devons pas
Devez   N e devez pas

CONDITIONNEL
Presént
Je devrais
Tu devrais
Il/Elle devrait
Nous devrions
Vous devriez
Ils devraient

Passé
J'aurais dû
Tu aurais dû
Il/Elle aurait dû
Nous aurions dû
Vous auriez dû
Ils/Elles auraient dû

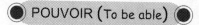

POUVOIR (To be able)

INDICATIF
Présent
Je peux (I can/I am able …)
Tu peux (you can/are able)
Il /Elle peut (He/she can)
Nous pouvons (we can)
Vous pouvez (same as TU)
Ils / Elles peuvent (they can)

Passé Composé
J'ai pu (I was able …)
Tu as pu (You were able to…)
Il /Elle a pu (He /She was able to…)
Nous avons pu (We were able to…)
Vous avez pu (same as TU)
Ils / Elles ont pu (they were able to…)

IMPÉRATIF
Pas d'impératif
CONDITIONNEL
Presént
Je pourrais (I would be able)
Tu pourrais
Il/Elle pourrait
Nous pourrions
Vous pourriez
Ils pourraient

Passé
J'aurais pu (I would have …..)
Tu aurais pu
Il/Elle aurait pu
Nous aurions pu
Vous auriez pu
Ils/Elles auraient pu

Conjugation Tables

FALLOIR

INDICATIF
<u>Présent</u>
Il faut (It is necessary)

Passé Composé
Il a fallu (It was necessary)

SUBJONCTIF
<u>Présent</u>
Qu'il faille

<u>Passé</u>
Qu'il ait fallu

IMPÉRATIF
Pas d'impératif

CONDITIONNEL
<u>Presént</u>
Il faudrait (It would be necessary)

<u>Passé</u>
Il aurait fallu (It would have been necessary)

NOTE :
The verbs FALLOIR and PLEUVOIR are impersonal verbs. What this means is that they do not apply to people. In other words, we cannot say *JE FAUX* or *TU PLEUT*. Consequently, they have only one conjugation which is in the 3rd person singular IL. This goes for all other impersonal verbs.

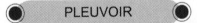

PLEUVOIR

INDICATIF
<u>Présent</u>
Il pleut (It is raining)

<u>Passé Composé</u>
Il a plu (It rained/had rained)

IMPÉRATIF
Pas d'impératif

CONDITIONNEL
<u>Presént</u>
Il pleuvrait (It would rain)

<u>Passé</u>
Il aurait plu (It would have rained)

VOULOIR (To want)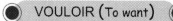

INDICATIF

Présent
Je veux (I want)
Tu veux (you want)
Il /Elle veut (He/she wants)
Nous voulons (we want)
Vous voulez (same as TU)
Ils / Elles veulent (they want)

Passé Composé
J'ai voulu (I wanted)
Tu as voulu (You wanted)
Il /Elle a voulu (He /She wanted)
Nous avons voulu (We wanted)
Vous avez voulu (same as TU)
Ils / Elles ont voulu (they wanted)

IMPÉRATIF
Veuilles/veux   (want)   Ne veuilles pas (don't want)
Voulions   (let's want)   N e voulions pas (let's not want)
Veuillez/voulez   (want)   N e veuillez pas (don't want)

CONDITIONNEL
Presént
Je voudrais (I would want)
Tu voudrais (You woould want)

Il/Elle voudrait (He would want)

Nous voudrions (We would want)

Vous voudriez (same as TU)
Ils voudraient (they would want)

Passé
J'aurais voulu (I would have wanated)
Tu aurais voulu (You would have wanted)
Il/Elle aurait voulu (He/she would've wanted)
Nous aurions voulu (We would've wanted)
Vous auriez voulu (same as TU)
Ils/Elles auraient voulu (they would've wanted)

CONJUGATION TABLES

 74 - METTRE (To place something somewhere, to put on cloth, etc)

INDICATIF

Présent	Passé Composé
Je mets (i put/ I wear)	J'ai mis (I put/ I wore)
Tu mets	Tu as mis
Il /Elle met	Il /Elle a mis
Nous mettons	Nous avons mis
Vous mettez	Vous avez mis
Ils / Elles mettent	Ils / Elles ont mis

IMPÉRATIF

Mets	Ne mets pas
Mettons	Ne mettons pas
Mettez	Ne mettez pas

CONDITIONNEL

Presént	Passé
Je mettrais	J'aurais mis
Tu mettrais	Tu aurais mis
Il/Elle mettrait	Il/Elle aurait mis
Nous mettriez	Nous aurions mis
Vous mettriez	Vous auriez mis
Ils mettraient	Ils/Elles auraient mis

OTHER VERBS WHICH ARE CONJUGATED IN THE SAME FORM AS «METTRE».

➢ Admettre
➢ Commettre
➢ Compromettre
➢ Omettre
➢ Permettre
➢ Promettre
➢ Retransmettre
➢ Soumettre
➢ Transmettre

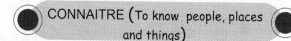

CONNAITRE (To know people, places and things)

INDICATIF
Présent
Je connais (I know)
Tu connais (you know)
Il /Elle connaît (He/she knows, etc)

Nous connaissons (we know)
Vous connaissez (same as TU)
Ils / Elles connaissent (they know)

Passé Composé
J'ai connu (I knew/ I have known)
Tu as connu (You knew/you have known)
Il /Elle a connu (He /She knew/has known)

Nous avons connu (We knew /have known)
Vous avez connu (same as TU)
Ils / Elles ont connu (they knew/have known)

IMPÉRATIF
Connais (know)
Connaissons (let's know)
Connaissez (know)

Ne connais pas (don't know)
N e connaissons pas (let's not know)
N e connaissez pas (don't know)

CONDITIONNEL
Présent
Je connaîtrais (I would know)
Tu connaîtrais (You woould know)

Il/Elle connaîtrait (He would know)

Nous connaîtrions (We would know)

Vous connaîtriez (same as TU)

Ils connaîtraient (they would know)
known)

Passé
J'aurais connu (I would have known)
Tu aurais connu (You would have known)

Il/Elle aurait connu (He/she would've known)

Nous aurions connu (We would've known)

Vous auriez connu (same as TU)

Ils/Elles auraient connu (they would've known)

OTHER VERBS WHICH MAY BE CONJUGATED IN THE SAME FORM AS «CONNAITRE».

- ➢ Apparaître
- ➢ Comparaître
- ➢ Disparaître
- ➢ Méconnaître
- ➢ Paraîatre
- ➢ Reconnaître
- ➢ Transparaître

CONJUGATION TABLES

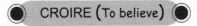 CROIRE (To believe)

INDICATIF
Présent

Je crois (I believe/I am believing)
Tu crois (you believe, etc)
Il /Elle croit (He/she believes, etc)
Nous croyons (we believe)
Vous croyez (same as TU)
Ils / Elles croient (they believe)

Passé Composé

J'ai cru (I believed)
Tu as cru (You believed)
Il /Elle a cru (He /She believed)
Nous avons cru (We believed)
Vous avez cru (same as TU)
Ils / Elles ont cru (they believed)

IMPÉRATIF

Crois   (believe)
Croyons   (let's believe)
Croyez   (believe)

Ne crois pas (don't believe)
N e croyons pas (let's not believe)
Ne croyez pas (don't believe)

CONDITIONNEL
Presént

Je croirais (I would believe)
Tu croirais (You woould believe)
Il/Elle croirait (He would believe)
Nous croirions (We would believe)

Vous croiriez (same as TU)
Ils croiraient (they would believe)

Passé

J'aurais cru (I would have believed)
Tu aurais cru (You would have believed)
Il/Elle aurait cru (He/she would've believed)
Nous aurions cru (We would've
believed)
Vous auriez cru (same as TU)
Ils/Elles auraient cru (they would've
believed)

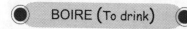

BOIRE (To drink)

INDICATIF
Présent
Je bois (I drink/I am drinking)
Tu bois (you drink, etc)
Il /Elle boit (He/she drinks, etc)
Nous buvons (we drink)
Vous buvez (same as TU)
Ils / Elles boivent (they drink)

Passé Composé
J'ai bu (I drank)
Tu as bu (You drank)
Il /Elle a bu (He /She drank)
Nous avons bu (We drank)
Vous avez bu (same as TU)
Ils / Elles ont bu (they drank)

IMPÉRATIF
Bois   (drink)
Buvons   (let's drink)
Buvez   (drink)

Ne bois pas (don't drink)
N e buvons pas (let's not drink)
N e buvez pas (don't drink)

CONDITIONNEL
Presént
Je boirais (I would drink)
Tu boirais (You woould drink)
Il/Elle boirait (He would drunk)
Nous boirions (We would drink)
Vous boiriez (same as TU)
Ils boiraient (they would drink)

Passé
J'aurais bu (I would have drunk)
Tu aurais bu (You would have drunk)
Il/Elle aurait bu (He/she would've drunk)
Nous aurions bu (We would've drunk)
Vous auriez bu (same as TU)
Ils/Elles auraient bu (they would've drunk)

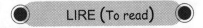

LIRE (To read)

INDICATIF

Présent
Je lis (I read/I am reading)
Tu lis (you read/are reading)
Il /Elle lit (He/she reads, etc)
Nous lisons (we read,etc)
Vous lisez (same as TU)
Ils / Elles lisent (they read)

Passé Composé
J'ai lu (I read)
Tu as lu (You read)
Il /Elle a lu (He /She read)
Nous avons lu (We read)
Vous avez lu (same as TU)
Ils / Elles ont lu (they read)

IMPÉRATIF
Lis (read)
Lisons (let's read)
Lisez (read)

Ne lis pas (don't read)
N e lisons pas (let's not read)
N e lisez pas (don't read)

CONDITIONNEL

Presént
Je lirais (I would read)
Tu lirais (You woould read)
Il/Elle lirait (He would read)
Nous lirions (We would read)
Vous liriez (same as TU)
Ils liraient (they would read)

Passé
J'aurais lu (I would have read)
Tu aurais lu (You would have read)
Il/Elle aurait lu (He/she would've read)
Nous aurions lu (We would've read)
Vous auriez lu (same as TU)
Ils/Elles auraient lu (they would've read)

OTHER VERBS WHICH ARE CONJUGATED IN THE
SAME FORM AS «LIRE».

➤ Élire
➤ Réélire
➤ Relire
➤ Etc

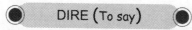

DIRE (To say)

INDICATIF

Présent

Je dis (I say/I am saying)
Tu dis (you say/are saying)
Il /Elle dit (He/she says, etc)
Nous disons (we say,etc)
Vous dites (same as TU)
Ils / Elles disent (they say)

Passé Composé

J'ai dit (I said)
Tu as dit (You said)
Il /Elle a dit (He /She said)
Nous avons dit (We said)
Vous avez dit (same as TU)
Ils / Elles ont dit (they said)

IMPÉRATIF

Dis   (say)
Disons   (let's say)
Dites   (say)

Ne dis pas (don't say)
Ne disons pas (let's not say)
Ne dites pas (don't say)

CONDITIONNEL

Presént

Je dirais (I would say)
Tu dirais (You woould say)
Il/Elle dirait (He would say)
Nous dirions (We would say)
Vous diriez (same as TU)
Ils diraient (they would say)

Passé

J'aurais dit (I would have said)
Tu aurais dit (You would have said)
Il/Elle aurait dit (He/she would've said)
Nous aurions dit (We would've said)
Vous auriez dit (same as TU)
Ils/Elles auraient dit (they would've said)

OTHER VERBS WHICH ARE CONJUGATED IN THE SAME FORM AS «DIRE».

➢ Contredire
➢ Dédire
➢ Interdire
➢ Médire
➢ Prédire

CONJUGATION TABLES

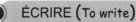 ÉCRIRE (To write)

INDICATIF

Présent

J'écris (I write/I am writing)
Tu écris (you write/are writing)
Il /Elle écrit (He/she writes, etc)
Nous écrivons (we write, etc)
Vous écrivez (same as TU)
Ils / Elles écrivent (they write)

Passé Composé

J'ai écrit (I wrote)
Tu as écrit (You wrote)
Il /Elle a écrit (He /She wrote)
Nous avons écrit (We wrote)
Vous avez écrit (same as TU)
Ils / Elles ont écrit (they wrote)

IMPÉRATIF

Écris (write)
Écrivons (let's write)
Écrivez (write)

N'écris pas (don't write)
N'écrivons pas (let's not write)
N'écrit pas (don't write)

CONDITIONNEL

Presént

J' écrirais (I would write)
Tu écrirais (You woould write)
Il/Elle écrirait (He would write)

Nous écririons (We would write)
Vous écririez (same as TU)
Ils écriraient (they would write)
written)

Passé

J'aurais écrit (I would have written)
Tu aurais écrit (You would have written)
Il/Elle aurait écrit (He/she would've
written)
Nous aurions écrit (We would've written)
Vous auriez écrit (same as TU)
Ils/Elles auraient écrit (they would've

**OTHER VERBS WHICH ARE CONJUGATED IN THE
SAME FORM AS «ÉCRIRE».**

➢ Circonscrire
➢ Décrire
➢ Inscrire
➢ Préscrire
➢ Récrire
➢ Souscrire
➢ Transcrire
➢ Etc

CONDUIRE (To drive)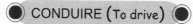

INDICATIF
Présent
Je conduis (I drive/I am driving)
Tu conduis(you drive/are driving)
Il /Elle conduit(He/she drives, etc)
Nous conduisons (we drive,etc)
Vous conduisez (same as TU)
Ils / Elles conduisent (they drive)

Passé Composé
J'ai conduit (I drove)
Tu as conduit (You drove)
Il /Elle a conduit (He /She drove)
Nous avons conduit (We drove)
Vous avez conduit (same as TU)
Ils / Elles ont conduit (they drove)

IMPÉRATIF
Conduis (drive)
Conduisons (let's drive)
Conduisez (drive)

Ne conduis pas (don't drive)
Ne conduisons pas (let's not drive)
Ne conduisez pas (don't drive)

CONDITIONNEL
Presént
Je conduirais (I would drive)
Tu conduirais (You woould drive)

Il/Elle conduirait (He would drive)

Nous conduirions (We would drive)

Vous conduiriez (same as TU)
Ils conduiraient (they would drive)
driven)

Passé
J'aurais conduit (I would have driven)
Tu aurais conduit (You would have driven)
Il/Elle aurait conduit (He/she would've driven)
Nous aurions conduit (We would've driven)
Vous auriez conduit (same as TU)
Ils/Elles auraient conduit (they would've driven)

OTHER VERBS WHICH ARE CONJUGATED IN THE SAME FORM AS «CONDUIRE».
➢ Construire
➢ Cuire
➢ Déduire
➢ Enduire
➢ Introduire
➢ Luire
➢ Nuire
➢ Produire
➢ Réduire
➢ Reproduire
➢ Séduire
➢ Traduire

SUIVRE (To follow / to comprehend)

INDICATIF

Présent	Passé Composé
Je suis	J'ai suivi
Tu suis	Tu as suivi
Il /Elle suit	Il /Elle a suivi
Nous suivons	Nous avons suivi
Vous suivez	Vous avez suivi
Ils / Elles suivent	Ils / Elles ont suivi

IMPÉRATIF

Suis	Ne suis pas
Suivons	Ne suivons pas
Suivez	Ne suivez pas

OTHER VERBS WHICH ARE CONJUGATED IN THE SAME FORM AS « SUIVRE » are :
➢ S'ENSUIVRE
➢ Poursuivre

VIVRE (To live / to be alive / to live somewhere)

INDICATIF

Présent	Passé Composé
Je vis	J'ai vécu
Tu vis	Tu as vécu
Il /Elle vit	Il /Elle a vécu
Nous vivons	Nous avons vécu
Vous vivez	Vous avez vécu
Ils / Elles vivent	Ils / Elles ont vécu

IMPÉRATIF

Vis	Ne vis pas
Vivons	Ne vivons pas
Vivez	Ne vivez pas

CONDITIONNEL

Présent

Je vivrais	Nous vivrions
Tu vivrais	Vous vivriez
Il vivrait	Ils vivraient

OTHER VERBS WHICH ARE CONJUGATED IN THE SAME FORM AS « VIVRE » are :
➢ Revivre
➢ Survivre

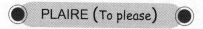

PLAIRE (To please)

INDICATIF

Présent

Je plais	Passé Composé
Tu plais	J'ai plu
Il /Elle plaît	Tu as plu
Nous plaisons	Il /Elle a plu
Vous plaisez	Nous avons plu
Ils / Elles plaisent	Vous avez plu
	Ils / Elles ont plu

IMPÉRATIF

Plais	Ne plais pas
Plaisons	Ne plaisons pas
Plaisez	Ne plaisez pas

CONDITIONNEL

Présent

Je plairais	Nous plairions
Tu plairais	Vous plairies
Il plairait	Ils plairaient

OTHER VERBS WHICH ARE CONJUGATED IN THE SAME FORM AS « PLAIRE » are :
- ➢ Complaire
- ➢ Déplaire
- ➢ Taire

Conjugation Tables

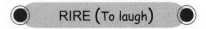

RIRE (To laugh)

INDICATIF

Présent	Passé Composé
Je ris	J'ai ri
Tu ris	Tu as ri
Il /Elle rit	Il /Elle a ri
Nous rions	Nous avons ri
Vous riez	Vous avez ri
Ils / Elles rient	Ils / Elles ont ri

CONDITIONNEL

Présent

Je rirais	Nous ririons
Tu rirais	Vous ririez
Il / Elle rirait	Ils / Elles riraient

IMPÉRATIF

Ris	Ne ris pas
Rions	Ne rions pas
Riez	Ne riez pas

OTHER VERBS WHICH ARE CONJUGATED IN THE SAME FORM AS « RIRE » are :
➢ Sourire

INDEX

DICTIONNAIRE

CLES *(Keys)*
ADJ - Adjectif
NM Nom masculine
NF Nom Féminine
SB - Somebody
STH - Something
ELEC Electrical
PL - Pluriel

A

à (to ; in, at)
abaisser - (to lower, to bring down)
abandonner (to abandon)
abattre (to pull down, to tear down)
abeille NF (bee)
abîmer (to damage)
abolir (to abolish)
aboyer - (to bark, to yell)
abri NM - (shelter)
abstenir(s') - (to be absent)
accabler (to overwhelm, to weigh down)
accélérateur NM (accelarator)
accepter - (to accept)
accomplir - (to accomplish)
accord NM (agreement)
accroupir - (to squat)
accueil NF (reception)

accueillir - (to welcome, to host)
acheter (to buy)
achever (to achieve)
acier NM (steel)
acquérir (to acquire)
adaptateur NM - (adaptor ELEC)
addition NF (bill)
addrese NF (address)
adhérer (to stick to, to adhere, to subscribe to)
adorer (to adore)
adoucir (to make milder, to seeten)
adroit(e) ADJ (skilful)
aérogare NF (terminal)
aéroport NM (airport)
affaiblir (to weaken)
affaires NFPL (business, belongings)
affiche NF (poster, notice)
agacer (to get on sb's nerves, to irritate, to pester)
agence NF (agency, branch)
aimant NM (magnet)
aimer (to love, to like)
alcool NM - (alcohol)
allée NF (driveway, path)
aller-retour NM (return ticket)
allumette NF (match)
amande NF (almond)
aménager - (to fit out, to adjust)
amer(-ère) ADJ (bitter)

amour NM (love)
ampoule NF (light bulb, blister)
amusant(e) ADJ (funny)
an NM (year)
ananas NM (pineapple)
ancien(ne) ADJ (old, former)
animal NM (animal)
anniversaire NM (anniversary, birthday)
annoncer (to announce)
apercevoir (to perceive, to catch sight
of, to notice)
apitoyer - (to move to pity)
apparaître (to appear)
appartenir (à) (to belong to, to be a
member of)
appeler - (to call)
applaudir (to clap, to applaud, to commend)
apporter (to bring)
apprécier (to appreciate)
apprendre (to learn)
appuyer (to lean, to support, to press)
arachide NF (groundnut)
arriérer (to defer)
arriver (to arrive)
assurance NF (insurance)
atelier NM (workshop, artist's workshop)
attendre (to wait, to expect)
atteindre (to reach, to attain)
atterir (to land, to touch down)
auberge NF (inn)
aussi (also)
automobiliste NM / NF (motorist)
autre (other)
avaler (to swallow)
avancer (to move forward, to advance, to speed up)
avant (before, front)
avec (with)
avenir NM (future)
aveugle ADJ (blind)
avocat NM (avocado, lawyer)
avoir (to have)

avortement - NM (abortion)

B

bagages NMPL (luggage)
bague NF (ring on finger)
baguette NF (stick of French bread)
baignade NF (bathing)
bain NM (bath)
baiser (to kiss)
baisser (to lower)
balai NM (broom)
balance NF (scales for weighing)
balancer (to swing, to push, to rock, to balance)
balançoire NF (swing for children)
ballon NM (balloon, ball)
banlieue NF (suburbs)
banque NF (bank)
baptême NM (christening, baptism)
baptiser (to baptize, to christen, to dedicate)
battre (to beat, to stike, to hit)
bénir (to bless, to solemnize)
béquilles NFPL (crutches)
berger NM (shepherd)
beurre NM (butter)
bibliothèque NF (library)
bière NF (beer)
bijouterie NF (jewellry, jeweller's)
billet NM (note, ticket)
blanchir (to whiten, to lighten, to whitewash, to bleach)
blanchisserie NF- (laundry)
blé - NM (wheat)
boire (to drink)
bois NM (wood)
boisson NF (drink)
boîte NF (can, box)
boîte â fusibles (fuse box)
boîte â lettres (post box)
boîte de nuit (night club)
boîte de vitesses (gear box)
bondir (to bounce, to leap up, to spring up)
bouger (to move about, to get up and about)
bouilloire NF (kettle)
boussole NF (compass)

bouteille NF (bottle)
brandir (to brandish, to flourish)
bracelet NM (bracelet)
bras NM (arm)
brasserie NF (café, brewery)
briller (to shine)
briquet NM (cigarette lighter)
briser (to break, to smach)
bronzage NM (suntan)
brosse NF (brush)
brosse à cheveux (hair brush)
brosse à dents (tooth brush)
broillard NM (fog)
brûler (to burn)
buisson NM (bush)
bureau NM (desk, office)
butane NM (camping gas)

C

cabinet NM (office)
cacao NM (cocoa)
cacher (to hide)
cadeau NM (gift)
cadenas NM (padlock)
cafetière NF (coffee pot)
cahier NM (exercise / notebook)
caisse NF (cash desk, case)
calculatrice NF (calculator)
calculer (to calculate, to work out)
calmer (to calm down, to pacify)
cambriolage NM (break-in)
caméscope NM (camcorder)
campagne NF (countryside, campaign)
camper (to camp)
canapé NM (sofa)
carême NM (Lent)
carré NM (square)
carrefour NM (crossroad)
carte NF (map, card, menu, pass)
cascade NF (waterfall)
caserne NF (barracks)
céder - (to give up, to give in)
ceinture (NF) (belt)
célèbre ADJ (famous)

cesser (to stop doing sth, to cease)
champ NM (field)
changer (to change)
chanson NF (song)
chantier MN- (building site, roadwork)
charger (to load, to charge, to tackle)
chercher (to look for, to search for)
citer- (to quote, to cite)
citoyen NM (citizen)
clé NF (Key, spanner)
coincer (to wedge, to jam)
colleter (to seize by the collar)
combattre - (to fight, to combat)
commencer - (to start, to commence)
commettre (to commit)
compléter - (to complete)
comptable NM (accountant)
comprendre (to understand)
concevoir (to conceive)
concierge NMF (caretaker, janitor)
conduire (to drive, to lead, to run or to manage)
construire (to construct, to build)
corriger (to correct)
connaître (to know)
couloir NM (corridor, aisle)
courir - (to run)
craindre (to fear)
crainte NF (fear)
croix NF (cross)
cuillère NF (spoon)

D

dactylographier (to type)
dame NF (lady)
danger NM (danger)
dé NM (dice)
décéder -- (to die)
décès NM (death)
décollage NM (take-off)
décongeler (to defrost)
décourager -- (to discourage)
découvrir -- (to discover)
décrire -- (to describe)
décrocher (to lift or to pick the receiver)
défaut NM (fault, defect)

dégâts NMPL (dammage)
dégustation NF (tasting)
dehors (outside, out of doors)
demande NF (application, request)
demoiselle NF (young lady)
dent NF (tooth)
dentelle NF (lace)
député NM (deputy, representative)
descendre -- (to descend, to come down, to alight)
devis NM (quotation of goods)
devise NF (motto)
devices NFPL (currency)
devoir -- (to have to, to owe)
dévouement NM (devotion)
diable NM (devil)
diamant NM (diamond)
dictionnaire NM (dictionary)
Dieu NM (God)
dinde NF (turkey)
dindon NM (turkey)
diplôme NM (diploma)
disparaître (to disappear)
distributeur NM (dispenser)
divertissements NMPL (entertainment)
docteur NM (doctor)
doigt NM (finger)
divorcer (to divorce)
domicile NM (home, address)
doré ADJ (golden)
dormir (to sleep)
dossier NM (file for papers)
douane NF (customs)
douloureux (euse) ADJ -- painful
doute NF (doubt)

E

eau NF (water)
eau de robinet (tap water)
eau potable (drinking water)
ébène NF (ebony)
échantillon NM (sample)
écharper(s) (to escape)
échelle NF (ladder)

école NF (school)
école maternelle (nursery school)
écran NM (screen)
écrivain NM (writer)
écrire (to write)
écurie NF (stable)
édifice NM (edifice, building)
également (equally)
élargir (to enlarge)
élire (to elect)
émission NF (programme, broadcast)
employer -- (to employ)
enceinte ADJ (pregnant)
encre NF (ink)
endommager (to damage)
enfance NF (childhood)
ennemi NM (enemy)
ennuyer -- (to bore)
s'ennuyer (to get bored)
enthousiasme NM -- (enthusiasm)
entendre (to hear)
entracte NM (interval)
entretien NM (maintenance, interview)
entrevue NF (interview)
envie NF (desire, inclination)
épée NF (sword)
épinards NMPL (spinach)
épingle NF (pin)
équipage NM (crew)
escalier NM (stairs)
espérer (to hope)
essai NM (trial, essay)
essence NF (petrol)
essence sans plomb -- (unleaded petrol)
essuyer (to wipe, to clean)
étage NM (storey, floor)
été NM -- (summer)
éternuer (to sneeze)
étiquette NF (label)
étranger(ère) NMF (foreigner, stranger)
étude NF (study)
étudier -- (to study)
événement NM (occasion, event)
évêque NM (bishop)

évier NM (sink, washbasin)
examen NM (examination)
exemplaire NM (copy)

F

fâché ADJ (angry)
façon NF (sort, kind)
faim NF (hunger)
faire (to do)
falloir (to be necessary, must)
fatigue NF (fatigue, tiredness)
fatigué ADJ (tired)
femme NF (woman, wife)
femmme au foyer (housewife)
femme de ménage (cleaner)
fer NM (iron)
ferme NF (farm)
fermer (to close)
fête NF (feast, party, festival)
feu NM (fire)
feuitton NM (serial, radio or tv serial)
fidèle ADJ (faithful)
fier ADJ (proud)
fiancé ADJ (engaged)
financer (to finance, to sponsor)
fils NM (son)
fin NF (end)
finir (to finish)
flamme NF (flame),
fleur NF (flower)
feuriste NMF (florist)
fleuve NM (river)
fond NM (bottom, extreme)
fontaine NF (fountain)
force NF (strength, force)
forêt NF (forest)
fort ADJ (strong), ADV (very)
forteresse NF (fortress)
fosse NF (pit, ditch)
fou / folle ADJ (mad, crazy)
foulard NM (scarf)
foule NF (crowd)
four NM (oven)
fourchette NF (fork)
frais NPL (costs, expenses)
fraise NF (strawberry)
frapper (to knock, to strike)

frein NM (brake)
fraternité NF (fraternity, brotherhood)
frit(e) ADJ (fried)
frontière NF (boundary, border)
fumée NF (smoke)
fumer (to smoke)
fumeur NM (smoker)
fusil NM (gun)

G

gagner (to win)
galop NM (galop)
garage NM (garage)
guarantie NF (guarantee)
garçon NM (boy, waiter)
garde NF (custody, garde)
gare NF (bus or railway station)
gâteau NM (cake)
gaucher(-ère) ADJ (left-handed)
génie NM (genius)
genou NM (knee)
gens NPL (people)
gentil(-lle) ADJ (kind, nice)
gentilhomme NM (gentleman)
gilet NM (waistcoat, vest)
gingembre NM (ginger)
glace NF (ice cream, ice, mirror)
glaçon NM (ice cube)
glorifier (to glorify)
gonfler (to swell)
gorge NF (throat)
goût NM (taste)
gouvernement NM (gouvernment)
grâce NF (grace)
grenouille NF (frog)
gris (-e) ADJ (grey)
gréser (22)
grippe NF (flu)
grossir (to get fat, to add weight)
grotte NF (cave)
guérison NF (cure)
guerre NF (war)

H

habile ADJ (clever)
habillé ADJ (dressed)
habiller(s) (to dress oneself)

habitant NM (an inhabitant)
habiter (to live)
haïr (to hate)
haut(e) ADJ (high, loud)
herbe NF (grass)
hébergement NM (accomodation)
hibou NM (owl)
hier ADV (yesterday)
hirondelle NF (swallow a bird)
histoire NF (history, story)
hiver NM (winter)
homme NM (man)
honnête ADJ (honest)
honte NF (shame)
horaire NM (time table, schedule)
horloge NF (clock)
horreur NF (horror)
huile NF (oil)
huile d'arachide (groundnut oil)
huile d'olive (olive oil)
huile de noix (walnut oil)
huile de palme (palm oil)
huile végétale (vegetable oil)
huître NF (oyster)
humeur NF (mood, temperament)
hygiène NF (hygiene)
hygiène publique (public health)
hypermarché NM (hypermarket, superstore)
hypertension NF (high blood pressure)
hystérie NF (hysteria)

I

ibère NMF (Iberian)
ici ADV (here)
idéal ADJ (ideal)
idée NF (idea)
identifier (to identify)
identique ADJ (identical)
identité NF (identity)
idole NF (idol)
ignorer (to be unaware of sth, not to
know)
île NF (island)
image NF (picture)
indépendance NF

(independence)
indiquer (to indicate, to show)
industrie NF (industry)
influence NF (influence)
infrarouge NM, ADJ (infrared)
ingénieur NM (engineer)
insecte NM (insect)
insouciance Nf (carelessness)
interpréter (to play, to sing, to interpret)
inscrire (to note down, to write down)
interdire (to forbid, ban)
intérêt NM (interest)
intérieur ADJ (inner, interior, inside)
internet NM (internet)
interscolaire ADJ (interschool)
interroger (to question, to ask)
interrupteur NM ELEC (switch for light)
intime ADJ (intimate, private)
intime NMF (close friends)
inutile ADJ (useless, pointless)
inventaire NM (inventory)
investir (to invest)
investisseur NM (investor)
invité NM (guest)
invraisemblable ADJ (unlikely)
irréfléchi ADJ (thoughtless, impulsive)
irrégulier ADJ (irregular, uneven)
irréparable ADJ (irreparable, unmendable, beyond repair)
ivoire NM (ivory)
ivre ADJ (drunk, intoxicated)
ivresse NF (drunkenness)
ivrogne NMF (drunkard)
ivrognerie NF (drunkenness)

J

jadis ADJ (in times past, long ago)
jalousie NF (jealousy)
jaloux (-se) ADJ (jealous)
jamais ADV (never)
jambe NF (leg)
jambon NM (ham)
jardin NM (garden)
jardin botanique (botanical garden)
jardin d'enfants (kingdergarton)

jardin public (park, public garden)
jardins suspendus (hanging gardens,
terraced garden)
jardinage NM (gardening)
jaunâtre ADJ (yellowish)
jaune ADJ (yellow)
jeter (to throw, to hurl, to sling)
jeu NM (game)
jeune ADJ, NM (young, touth)
jeûne NM (fast)
jeûner (to fast, to go without food)
joie NF (joy)
joindre (to join, to put together)
joli (-e) ADJ (pretty, attractive, nice)
jouer (to play)
jouet NM (toy, plaything)
jouissance NF (pleasure, enjoyment,
delight)
journal NM (newspaper)
journalier ADJ (daily, everyday)
journaliste NMF (journalist)
journée NF (day)
juge NM (judge)
jumeler (to twin, to join, to double)
jupe NF (skirt)
jurer (to swear, to vow)
jus NM (juice)
jus de fruit (fruit juice)
jus de raisin (grape juice)
justement ADV (exactly, just, precisly)

K

karité NM (shea tree)
kayak NM (kayak, canoeing)
kérosène NM (aviation fuel)
kidnapper (to kidnap)
kilométrer (to mark with milestones)
kiosque NM (kiosk, newstand)
klaxonner (to toot or sound one's horn)

L

là ADV (there)
lac NM (lake)
lacet NM (shoelace)
laisser (to leave, to allow)
lait NM (milk)
lait fraise (strawberry-flavoured milk)
lait maternel (mother's OR breast milk)
lait en poudre (powdered milk)
laitier (-ière) ADJ (dairy, milkman or woman)
lame NF (blade)
lame de rasoir (razor blade)
lampe NF (lamp, light)
lampe de chevet (bedside lamp)
lampe de lecture (reading lampe)
lampe au néon (neon light)
lampe de poche (flashlight, torch)
lancement NM (launching, starting up)
langue NF (language, tongue)
lapin NM (rabbit)
largesse NF (generosity)
latitude NF (latitude)
leçon NF (lesson)
lecture NF (reading)
léger (-ère) ADJ (light)
légume NM (vegetable)
lendemain NM (next day)
lent (e) ADJ (slow)
lentement ADV (slowly)
lèvre NF (lip)
lézard NM (lizard)
libraire NMF (bookseller)
librairie NF (bookshop, bookstore)
licencier (to lay off, to dismiss)
lieu NM (place, scene)
ligne NF (line)
lire (to read)
livraison NF (delivery)
livre NM (textbook)
livre NF (pound)
livre sterling (pound sterling)
livre égyptienne (Egyptian pound)
logement NM (accommodation)
logique NF (logic)
loin ADV (far, a long way)

loisir NM (leisure, spare time)
longueur NF (length)
longévité NF (longevity)
louer (to hire, to rent, to praise)
lumière NF (light)
lune NF (moon)
lunettes NFPL (glasses)
lunettes de soleil (sunglasses)
lutte NF (conflict)

M

machine NF (machine)
maçon NM (mason)
magasin NM (shop, store)
main NF (hand)
maintenant ADV (now)
magnétophone (tape recorder)
maigre ADJ (lean)
maigrir (to slim)
maître NM (master)
maintenir
mal ADV (badly)
mal NM (pain, the bad)
malade ADJ (sick)
maladie NF (sickness)
malheur NM (misfortune)
malheureusement ADV
(unfortunately)
manger (to eat)
manquer (to miss)
marchand (-e) NMF (trader,
dealer
marché NM (market)
marguerite NF (daisy)
mari NM (husband)
marier (se) (to marry, to get
married)
mathématiques NFPL
(mathematics)
matière NF (subject, matter)
matin NM (morning)
matinée NF (morning)
médecin NM (doctor)
médicament NM (medicine)
menacer (to threaten)
ménage NM (housework)
mener (to lead, to take to)
mensonges NMPL (lies)

mentir (to lie)
merveille NF (marvel)
merveilleux (-se) ADJ
(marvellous)
messe NF (mass)
mesurer (to measure)
mettre (to put, to put on-cloth)
meuble NM (furniture)
mine NF (appearance,
expression,
mine coal, etc)
minuit NM (midnight)
mode NF (style, fashion)
monnaie NF (currency, change)
montre NF (wristwatch)
morceau NM (piece, bit)
mosquée NF (mosque)
mouchoir NM (handkerchief)
mouillé ADJ (wet)
mouton NM (sheep)
moyen NM (means)
musique NF (music)

N

nager (to swim)
naissance NF (birth)
naître (to be born)
natation NF (swimming)
natte NF (plait, mat)
naturellement ADV (naturally, of
course)
nautique ADJ (nautical, water)
naviguer (to sail, to browse on
the
internet)
navire NM (ship)
neige NF (snow)
neiger (to snow)
neuf / neuve ADJ (new)
neveu NM (nephew)
nettoyer (to clean, to wash)
nid NM (nest)
nièce NF (niece)
noce NF (wedding)
noeud NM (knot)
noeud papillon (bow tie)
noix NF (nut, walnut)
nom NM (name, surname, noun)

nom de famille (family name)
nom de jeune fille (maiden name)
non-fumeur ADJ (non-smoking)
notaire NM (solicitor)
nourrir (to feed)
nourrissant (-e) ADJ (nourishing)
nourriture NF (food)
nouveau / nouvelle ADJ (new)
nuage NM (cloud)
nuageux ADJ (cloudy)
nucléaire ADJ (nuclear)
nuit NF (night)

O

obéir (to obey)
obéissant (e) ADJ (obedient)
obligatoire ADJ (compulsory)
obligé ADJ (obliged)
obsèques NFPL (funeral)
observateur (-trice) ADJ (observant)
observer (to observe, to notice)
obtenir (to get, to obtain)
occupé (e) ADJ (busy)
odorat NM (smell)
œil NM (eye) (pl yeux)
œuf NM (egg)
œuvre NM (work)
offenser (to offend)
offrir (to offer)
oiseau NM (bird)
ombre NF (shade, shadow)
omelette NF (omelet)
omettre (to omit)
oncle NM (uncle)
onde NF (wave)
ongle NM (fingernail)
orage NM (storm)
orchestre NM (orchestra)
ordinateur NM (computer)
ordonnance NF (prescription)
ordre NM (order)
ordures NFPL (dirt, rubbish)
oreille NF (ear)
oreiller NM (pillow)
orphelin (e) NMF (orphan boy or girl)
ou (or)

où (where)
oublier (to forget)
ouest NM (west)
ours (e) NMF (bear *animal*)
outils NMPL (tools)
ouverture NF (ouverture, opening)
ouvre-boîtes NM (can opener)
ouvre-bouteilles NM (bottle opener)
ouvrir (to open)

P

pagaie NF (paddle)
pagayer (to paddle)
page NF (page of a book)
pages jaunes (yellow pages)
page NM (page boy)
paille NF (straw)
paix NF (peace)
palais NM (palace)
pâle ADJ (pale)
panier NM (basket)
papillon NM (butterfly)
paraîatre (to appear)
parapluie NM (umbrella)
pardon NM (pardon, forgiveness)
pare-brise NM (windscreen)
pare-chocs NM (bumper)
parent NM (parent)
paresse NF (laziness)
paresseux (-se) ADJ (lazy)
parfois ADV (sometimes)
parfum NM (perfume)
parfumerie NF (perfume shop)
parmi PREP (among)
paroisse NF (parish)
parole NF (word)
partager (to share)
partie NF (part)
partir (to leave)
partout ADV (everywhere)
pas NM (step, pace)
pas ADJ (not)
pas encore (not yet)
passerelle NF (footbridge)
passe-temps NM (pastime,

hobby)
patrie NF (fatherland)
patriotisme NM (patriotism)
patte Nf (paw)
péché NF (sin)
pêche NF, ADJ (peach, peach-coloured)
pêche NF (fishing)
peigne NM (comb)
pèlerinage NM (pilgrimage)
pelle NF (spade)
pelouse NF (lawn)
perdre (to lose)
perdre (to lose)
permettre (to permit)
permis NM (permit, licence
permis de conduire (driving licence)
perruque NF (wig)
personne Nf (person)
petit déjeuner (breakfast)
petit-fils (grandson)
petite-fille (granddaughter)
pétrole NM (oil, paraffin)
peur Nf (fear)
phare NM (headlight, lighthouse)
piétons NPL (pedestrians)
pince NF (pliers)
pince à ongle (nail clippers)
piscine NF (swimming pool)
plafond NM (ceiling)
plaisir NM (enjoyment)
plancher NM (floor)
pluie NF (rain)
plume NF (feather, pen)
pneumonie NF (pneumonia)
poche NF (pocket)
poire NF (pear)
poirier NM (pear tree)
poisson NM (fish)
poitrine NF (chest)
policier NM (policeman)
pomme NF (apple)
pomme de terre (potato)
portable NM (mobile phone, laptop)
porte NF (door)
porte-mannaie NM (wallet)

porter (to carry, to wear)
poubelle NF (dustbin)
poudre NF (powder)
poupée NF (doll)
pourboire NM (tip)
poussette NF (push chair)
poussière NF (dust)
premier (-ière) NM, ADJ (first)
premier secours (first aid)
prêter (to lend)
prévision NF (forecast)
printemps NM (spring)
prise Nf (plug, socket)
promenade NF (walk)
propriétaire NMF (owner)
propriété NF (property)
provenance NF (origin, source)
provisoire ADJ (temporary)
puissance NF (power)
purée NF (purée, mashed)

Q

qualifié (qualified, skilled)
quarantaine NF (quarantine)
quancaillerie NF (hardware, hardware shop)
questionner (to question)
queue NF (tail)
queue-de-cheval (ponytail)
quitter (to quit, to leave)
quotidien (-ienne) ADJ (everyday)
quotidien NM (daily newspaper)

R

raccourci NM (shortcut)
racine NF (root)
raconter (to tell, to narrate, to relate)
rafraîchir (to cool down, to refresh)
rafraîchissant (e) ADJ (cooling, refreshing)
ragoût NM (stew, ragout)
raisin NM (grape)
raison NF (reason)
raisonner (to reason, to think)

rajeuner (to grow younger again)
rajeunissement NM
(rejuvenation)
ralentir (to slow down)
ramadan NM (Ramadan)
ramassage NM (gathering)
ramassage scolaire (school bus
gathering)
ramasser (to collect, to gather)
rang NM (row, line, rank)
rangement NM (tidying)
rasage NM (shaving)
rasoir NM (razor)
rassemblement NM (gathering,
group,
rally)
rat NM (rat
rat des bois (wood rat)
rat géant (giant rat)
rat de bibliothèque (bookworm)
raticide NM (rat poison)
rattrapage NM (catching up)
cours de rattrapage (extra
lessons for
those who need tocatch up,
make up class.
ravages NMPL (devastation)
ravageur (-euse)
rayé (e) ADJ (lined, ruled, striped)
rayer (to scratch, to cancel, to
cross
out)
rayure NF (line, stipe)
papier à rayures (lined or ruled
paper)
une chemise à rayures bleues (a
blue-
striped shirt
réalisateur (-trice) NMF (director,
film-
maker)
réaliser (to fulfil, to carry out, to
produce)
récemment ADV (recently, not
long
ago)
recette NF (collection, recipe)
recette des crêpes (pancake

recipe)
livre de recette (cookery book)
rechauffer (to heat, to warm up)
rechauffeur NM (heater)
réciproque ADJ (reciprocal,
mutual)
réciproque NF (the reverse, the
opposite)
réclamer (to ask for, to demand,
to call
for)
récolte NF (harvest)
reconnaissance NF (gratitude)
recruteur (-trice) ADJ / NM
(recruiting, recruiting officer)
réduire (to reduce)
refrigérateur NM (refrigerator)
règle NF (rule, ruler)
règles NFPL (periods,
menstruation)
règles douleureuses (painful
menstruation)
règlement NM (regulation, rules,
settlement)
religieuse NF (nun)
renard NM (fox)
renseignments NMPL
(information,
enquiries)
rentrée NF (resumption, re-
opening, re-
entry)
repassage NM (ironing)
repos NM (rest, time off, peace of
mind)
requin NM (shark)
réseau NM (network)
reste NM (rest, remainder)
retard NM (delay)
retrait NM (withdrawal)
réussir (to succeed)
rideau NM (curtain)
robinet NM (tap)
l'eau de robinet (tap water)
roi NM (king)
rossignol NM (nightingale)
roue NF (wheel)
rouge à lèvres NM (lipstick)

ruban NM (ribbon, tape)
ruisseau NM (stream)

S
sable NM (sand)
sac NM (bag)
sac à main (handbag)
sagesse NF (wisdom, soundness)
saigner (to bleed)
saisir (to seize)
salaire NM (salary)
sale ADJ (dirty, filthy)
saler (to salt, to put salt)
salle NF (hall, lounge, ward)
salle à manger (dining room)
salle d'attente (waiting room)
sandales NFPL (sandals)
sang NM (blood)
sanitaire ADJ (sanitary, health)
sans abri NMF (homeless person)
santé NF (health)
sauce NF (sauce)
sauterelle NF (grasshopper)
savoir (to know)
scientifique NM (scientist)
scientifique ADJ (scientific)
seau NM (bucket, pail)
secours NM (help, aid, assistance)
semaine NF (week)
semence NF (seed)
semeur (-euse) NMF (sower)
sensible ADJ (sensitive, perceptible)
serpent NM (snake)
serrer (to grip, to hold tight, to clench)
serrure NF (lock)
serrure de sûreté (safety lock)
serviette NF (towel, napkin)
servir (to serve)
seul (-e) ADJ (alone, lonely)
sévère ADJ (severe, harsh, strict)
sexe NM (sex)
SIDA (syndrome d'immunodéficience acquise) (AIDS)
siècle NM (century, epoch, age)
siège NM (seat)
sirop NM (syrup)
société NF (society, club, company)
société par actions (joint-stock company)
société anonyme (limited liability company)
société commerciale (trading company)
société de crédit (credit OR finance company)
société d'investissement (investment trust)
soeur NF (sister)
soie NF (silk)
soigner (to treat, to take care of, to nurse)
soleil NM (sun)
solitaire ADJ (solitary, lonely, deserted)
sombre ADJ (dark,
sommaire ADJ (summary, basic)
somme NM (nap, snooze)
somme NF (sum, amount)
sommeil NM (sleep)
sondage NM (poll, survery)
sonnerie NF (ringing, chimes)
sorte NF (sort, kind)
sortie NF (exit, outing, day off, outing)
souffrir (to suffer, to go through agonies)
soulagement NM (relief)
souhaiter (to wish for, to wish)
sous-homme NM (subhuman)
sous-titres NMPL (subtitles)
soutien-gorge NM (bra)
souvenir NM (memory, recollection)
sportif (-ive) ADJ, NMF (sporty, sportsman, sportswoman)
stationnement NM (parking, car

park)
stérile ADJ (sterile, infertile)
strict (-e) ADJ (strict, severe)
style NM (style)
style journalistique (journalistic
style)
style de vie (life style)
sucer (to suck)
sucrer (to sugar, to sweeten)
sud NM (south)
suer (to sweat)
sueur NF (sweat, sweating)
suffire (to be enough, to be
sufficient)
suffisamment ADV (sufficiently)
suite NF (retinue, suite,
continuation,
result, series)
suivant (-e) ADJ (following, next)
suivre (to follow, to keep to)
supérieur (-e) ADJ (superior,
higher,
greater)
supprimer (to delete, to remove,
to
cancel)
sûr (-e) ADJ (sure, certain)
surveillance NF (watch,
supervision)
syndicat NM (union, syndicate)

T
tabac NM (tobacco)
tableau NM (painting, picture,
board)
tache NF (stain)
tâche NF (task, work)
taille NF (size of clothes, waist)
talon NM (heel)
tante NF (aunt)
tapis NM (carpet)
tarder (to delay, to take a long
time)
tarif NM (price list, rate)
tâtonner (to grope, to feel one's
way)
taureau NM (bull)
taxe NF (tax, duty)

teinture NF (dye)
teinturier (-ière) NMF (dry
cleaner,
dyer)
téléviseur NM (television set)
témérité NF (rashness, foolhardy)
temoignage NM (testimony,
evidence)
témoin NM (witness)
tempête NF (storm, tempest)
temps NM (time, tense, weather)
tendresse NF (tenderness)
ténèbres NFPL (darkness, gloom)
tenir (to hold, to keep, to
maintain, to have under control)
tenter (to tempt, to try)
terrain NM (ground, soil, terrain)
terreur NM (terror)
timbre NM (postage stamp)
tirage NM (printing, print)
tiroir NM (drawer)
titre NM (title)
titulaire NMF (holder, bearer)
toile NF (canvas, spider web)
toilettes NFPL (toilet)
tomber (to fall)
tonalité NF dialling tone)
tonneau NM (barrel)
tonnerre NM (thunder)
tordre (to twist)
tôt ADV (early)
touchant ADJ (concerning,
moving)
touche NF (button, touch)
toujours ADV (always, forever,
still)
tour NF (tower)
tour NM (tour, trip, turn,
revolution)
tousser (to cough)
toux NF (cough)
tracasser (to worry, to disturb)
traduction NF (translation)
traduire (to translate)
trahir (to betray)
trahison NF (betrayal)
traîner (to pull, to drag)
tranche NF (slice)

tricher (to cheat)
tricherie NF (cheating)
tri-colore ADJ (three-coloured)
tricoter (to knit)
trimestre NM (quarter, term)
tristesse NF (sadness, sorrow)
trottoir NM (pavement, sidewalk)
truand NM (gangster)
tuteur (-trice) (guardian, tutor)
tutoyer (to use TU for someone)
tyrannie NF (tyranny)
tuyau NM (water or gas pipe)

U

uni (-e) ADJ (united)
usé (-e) ADJ (worn-out)
usine NF (factory)
ustensile NM (implement, utensil)
utile ADJ (useful, helpful)
utilité NF (usefulness)

V

vacance NF (vacancy)
vacances NFPL (holidays)
vache NF (cow)
vaincre (to conquer)
valise NF (suit-case)
valoir (to be worth)
vapeur NF (steam)
vase NM (vase)
vedette NF (star)
vedette du cinéma (film star)
veille NF (eve, watch)
veine NF (vein)
vendre (to sell)
venger (to avenge)
venir (to come)
vent NM (wind)
vente NF (sale)
ventilation NF (ventilation)
vérifier (to verify)
vernaculaire ADJ (vernacular)
verrouiller (to bolt, to lock)
versement NM (payment, installment)
vêtement NM (clothes, garment)
veuf NM (widower)
veuve NF (widow)

veuvage NM (widowhood)
viande NF (meat)
vide ADJ (empty)
vie NF (life)
vieillesse NF (old age)
vierge NF (virgin)
les îles vierges (virgin islands)
virement NM (transfer)
virement bancaire (bank tranfer)
virus NM (virus)
vitesse NF (quickness, speed)
vitre NF (window pane, glass)
vivre (to live)
voeu NM wish)
voie NF (way, road, route)
voir (to see)
voisinage NM (neighbourhood)
voix NF (voice, vote)
vol NM (flight, theft)
volant NM (steering wheel)
volonté NF (will, wish)
voyou NM (hooligan, hoodlum)
vrai (-e) ADJ (true, right)
vraiment ADV (really)
vue NF (sight, eyesight)
vulnérable ADJ (vulnerable)

W

wagon NM (truck, wagon)
wagon-restaurant (dining car)
web NM (internet)

Y

yacht NM (yacht)
yaourt NM (yoghurt)
yeux NMPL (eyes)

Z

zapper (to channel-hop)
zèbre NM (zebra)
zodiaque NM (zodiac)
zoner (to zone)

Cahier
d'exercices
Workbook

LEÇON 1
Lettres et orthographes

1.Épelez les suivants à haute voix (à votre professeur!)
Spell the following aloud (to your teacher)!

beeper, sort, voiture, restaurant, facilité, économie, histoire, wagon, Yenegoa, tatoo, pasteur, noël, politique, imam, Erithrée, yahoo, yahourt, zèbre, je, tu, vous.

2.Prononcez les suivants (à votre professeur!)
Pronounce the following (to your teacher):

divisé, élève, hôtel, faim, installation, héroïque, Israël, des haricots, les hommes, important, intérêt, banane, wagon, beauté, notre, vôtre, zèbre, excellent, je, ce, de, me, se, le, la, ma, sa, nous, nouille, elle, lui.

LEÇON 2
Les nombres

1.Écrivez en Français !
Write in French!

(a)   3 _____

(b)   16 _____

(c)   41 _____

(d)   60 _____

(e)   74 _____

(f)   82 _____

(g)   90 _____

(h)   95 _____

(i)   108 _____

(j)   205 _____

2.Écrivez en Français !
Write in French

(a)   11e _____

(b)   5e _____

(c)   9e _____

(d)   17e _____

(e)   20e _____

(f)   30e _____

(g) 44e _____

(h) 28e _____

(i) 77e _____

(j) 6e _____

(k) 15e _____

3. Trouvez les solutions, écrivez en lettres !
Solve, write in words!

(a)   sept plus douze = _____

(b)   huit plus neuf = _____

(c)   quinze moins dix = _____

(d)   vingt-et-un moins onze = _____

(e)   trois multiplié par trois = _____

(f)   cinq multiplié par deux = _____

(g)   trente-trois divisé par onze = _____

(h)   vingt-quatre divisé par huit = _____

LEÇON 3
Plus sur la Phonétique et la Prononciation

1.Comment s'appellent les signes de ponctuation suivants ?
What are the names of the following punctuation marks?

(a)   [.]_____

(b)   [,]_____

(c)   [;]_____

(d)   [...]_____

(e)   [« »]_____

(f)   [!]_____

2.Lisez les phrases suivantes (à votre professeur !)
Read the following sentences (to your teacher!)

Intonation tombante/baissante
Falling intonation
(a) Comment allez-vous ?
(b) Pourquoi sort-elle ?
(c) Qui chante ?
(d) Ne venez pas ici !
(e) Appelez-moi le petit garçon !
(f) Quelle beauté !

3. Lisez les phrases suivantes (à votre professeur !)
Read the following sentences (to your teacher!)

Intonation montante et baissante
Rising and falling intonation
(a) Il est venu.
(b) Il est venu travailler.
(c) Il est venu travailler dans le champs
(d) Il est venu travailler dans le champs de Madame
     Okosun.
(e) Nous partons.
(f) Nous partons en Amérique.
(g) Nous partons en Amérique après demain.
(h) Nous partons en Amérique après demain pour visiter la
     Maison Blanche.

4. Lisez les phrases suivantes (à votre professeur !)
Read the following sentences (to your teacher!)

Intonation montante
Rising intonation
(a)   Il va au cinéma ?
(b)   Il est venu travailler ?
(c)   Nous partons en Amérique après demain ?
(d)   Tu t'appelles Robert ?
(e)   Vous n'allez pas à l'école ?
(f)   Elles ne sont pas encore ici ?

5. Lisez les phrases suivantes (à votre professeur !)
Read the following sentences (to your teacher!)

La liaison
Linking
(a)   Les enfants aimables.
(b)   Chez eux

(c)   Prend-il ça ?
(d)   Vous habitez où ?
(e)   Le hero c'est toi.
(f)   Nous allons travailler.
(g)   Il est dix heures.
(h)   Quand il arrive…
(i)   Des appartements isolés.
(j)   Des haricots

6.Mettez les signes de ponctuation où il faut dans les phrases suivantes !
Punctuate the following sentences !

(a)   Pourquoi vous voyagez et où sont les enfants (why are you travelling and where are the children)

_____

(b)   Elle s'assied elle pleure elle dit quelle vie (she sits she cries she says what a life)

_____

(c)   Il sait ton patron que je suis ici (Does he know your boss that I am here)

_____

(d)   Non mais ja vais lui dire maintenant (No but I am going to tell him/her now)

_____

LEÇON 4
Salutation et impératif

1.Écrivez les impératifs en français !
Write these commands in French!

(a)   Look at board

_____

(b)   Sit on the floor

_____

(c)   Close your book

_____

(d)   Fold your arms)

_____

(e)   Let's run

_____

(f)   Read the newspaper !

_____

2. Changez vos réponses ci-dessus aux négatifs en employant
NE…..PAS !
Change your answers above into negative with NE…..PAS

(a) _____

(b) _____

(c) _____

(d) _____

(e) _____

(f) _____

3. Qu'est-ce qu'ils disent ?
What are they saying ?

(a)

_____ GOOD BYE

(b)

_____ KNOCKING

(c)

_____ GOOD MORNING

(d)

_____ COME IN

(e)

_____ CLAP

4. Remplissez avec les articles définis !
Fill in with the definite articles !

(a)_____ table [f]   (b)_____ ordinateur [m]

(c)_____ Bible [f]   (d)_____ Coran [m]

(e)_____ magasin [m]   (f)_____ musiques [pl]

(g)_____ ferme [f]   (h)_____ boîtes de nuit [pl]

(i)_____ années [pl]   (j)_____ mois [m]

5.Remplissez avec les articles indéfinis !
Fill in with the indefinite articles

(A)_____images [pl]   (b)_____ mouchoir [f]
(c)_____ ordinateurs [pl]   (d)_____ lune [f]
(e)_____ lunettes [pl]   (f) _____ élève [m/f]
(g) ____ mosquée [f]   (h) _____ secrétaire [m/f]
(i)_____ prédications [pl]   (j) _____ homme [m]

6.Complétez ces verbes avec les terminaisons juste !
Complete these verbs with the right endings!

(a)   Sort _____ de la classe !
(b)   N'écoute_____ pas !
(c)   Taison____-nous !
(d)   Ne frapp____ pas à la porte !
(e)   Le garçon regard_____ le tableau.

LEÇON 5
Identifier

1.Identifiez les objets suivants !
Identify the following objects!

(a)

_____ TELEVISION

(b)

_____ SHIRT

(c)

_____ SHOES

(d)

_____ GLASSES

2.Identifiez ces gens !
Identify these people!

(a)

TEACHER

_____

(b)

TAILOR

_____

(c)

TRADER

_____

3. Répondez selon ces images !
Answer according to the images!
(a)   C'est un ventilateur ?
Oui,_____

(b)   C'est une chemise ?
Non, _____

(c)   C'est une femme ?

Non,_____

(d)   Ce sont des coqs ?

Oui,_____

(e)   Ce sont des chaussures ?

Non,_____

Beginning French Language

4.Remplissez les trous avec les articles partitifs !
Fill in the gaps with the partitive articles!
(a)   Vous prenez _____ riz avec _____ salade ?
(b)   Il boit toujours _____ bière.
(c)   Moi, je veux _____ haricots et _____ pommes de terres.
(d)   Ce matin, elles mangent _____ pain avec _____ confitures.
(e)   Tu prépares _____ poulet ou _____ viande ?

5.Écrivez en Français !
Write in French !

(a) How many days are there in a week?

_____

(b) Which is the first month?

_____

(c) 2010 is not a leap year.

_____

(d) Happy weekend, Mrs Bolade.

_____

6.Trouvez les sept jours de la semaine et les premiers six mois de l'année dans la grille !
Pick out the seven days of the week and the first six months of the year from the _____ !

6.Trouvez les sept jours de la semaine et les premiers six mois de l'année dans la grille !

*Pick out the seven days of the week and the first six months of the
year from the _____ !*

I	D	R	A	M	M	A	R	S	D
B	D	I	M	A	N	C	H	E	S
V	E	U	F	H	I	A	C	G	A
V	H	O	E	D	K	V	N	N	M
E	D	I	D	J	N	R	Q	A	E
N	F	N	L	U	R	I	I	T	D
D	E	Z	O	I	D	L	P	Q	I
R	V	Y	H	N	Y	C	W	X	I
E	R	P	U	S	J	M	O	Z	P
D	I	L	T	K	S	W	X	A	H
I	E	Q	R	E	I	V	N	A	J
K	R	M	E	R	C	R	E	D	I

LEÇON 6
Se présenter / présenter quelqu'un

1. Relisez le portrait de Jacques à la page 52 et remplissez ces trous ! (Reread the portrait of Jacques on page 52 and fill in the gaps)

(a) Le narrateur s'appelle _____ .

(b) Il habite à _____ avec _____ parents.

(c) Il _____ très intelligent.

(d) _____ mère a 35 ans.

(e) _____ chien s'appelle Flip.

2. Le portrait de Monique

(a) Je présente _____ .

(b) Elle est de la nationalité _____ .

(c) Monique habite _____ avec _____ oncle.

(d) Elle _____ bien le français.

3. Répondez à ces questions ! (Answer these questions)

(a) Comment vous appelez-vous ?

_____ .

(b) Quel âge avez-vous ?

_____ .

(c) Vous parlez bien le français ?

_____ .

(d) Où vous habitez ?

_____ .

(e) Vous êtes de quelle nationalité ?

_____ .

4. Emploi du verbe ÊTRE. Remplissez avec la forme juste de « ÊTRE » (Use of the verb ÊTRE. Fill with the correct form of ÊTRE).

(a) Je _____ européenne.
(b) Tu _____ de Toronto.
(c) Il _____ professeur.
(d) Elle _____ chanteuse.
(e) Nous _____ africains.
(f) Vous _____ très sérieux.
(g) Ils _____ confortables.
(h) Elles _____ en France.

5. Employez des adjectifs possessifs ! (Use the possessive adjectives)

(a) Ce sont les chiens des enfants ?
Oui, _____ .
(b) C'est la table de la secrétaire ?
Oui, _____ .
(c) C'est ta tasse ?
Non, _____ .
(d) Ce sont la chambre des filles ?
Non, _____ .
(e) Ce sont les chemises de ton frère ?
Oui, _____ .
(f) C'est ton mari ?

Non, _____.

(g)   M. Akin, c'est votre dossier ?

Non, _____.

LEÇON 7
Bonjour à tous

1. Remplissez les trous avec les mots suivants ! (Fill the gaps with the following words !)
- *elle, habitons, m'appelle, nous, en, nigériane, sommes, né, au, à.*

(a) Salut ! Je _____ Ortega. J'habite _____ Lokoja, _____
    Nigéria, mais je suis _____ en France _____ 1998.
(b) Bonjour à tous. Voici mon amie Amaka. _____ est née
    à Brazzaville mais elle est _____.
(c) Nous nous appelons Awa et François. Nous ne _____
    pas nigérians mais nous _____ à Abuja. Nous
    fréquentons une école secondaire donc nous _____
    réveillons très tôt chaque matin.

2. Soulignez l'option juste ! (underline the right option)

(a) Bisi est (avocat/avocate). Elle est (nigérian/nigériane)
(b) Nous sommes (médecin/médecins). Nous sommes
    (belge/belges).
(c) Je suis (professeur/professeurs). Je suis
    (canadien/canadienne).
(d) Elles sont (danseurs/danseuses). Elles sont

(togolais/togolaises)
(e)   Il est (comptable/comptables). Il est (ghanéen/ghanéenne).

3. Mettez les articles LE, LA, L' ou LES (Put the articles LE, LA, L' or LES)

(a)   _____ Nigéria est un grand pays.
(b)   _____ Etats-Unis d'Obama.
(c)   J'aime _____ France.
(d)   Nous connaissons _____ Pays Bas.
(e)   _____ Mexique est sur quel continent ?
(f)   _____ Ouganda est en Afrique de l'est.
(g)   M. Shina préfère _____ Chine, mais moi, je préfère _____ Austrialie.

4. Remplissez les trous avec les verbes entre parenthèses ! (Fill in the spaces with the verbs in bracket).

(a)   Je _____ à 5h 30. (se réveiller).
(b)   Il _____ toute de suite. (se laver)
(c)   Nous _____ dans la chambre. (s'habiller)
(d)   Vous ne _____ pas dans la rue. (se promener)
(e)   Elles _____ pour arriver à l'heure. (se dépêcher)
(f)   Pourquoi tu _____ ? (se maquiller)

5. Répondez au négatif en employant « NE...PAS » (Answer in the negative by using « NE...PAS »).

(a)   Il fait beau ?

_____

(b)   Est-ce qu'il fait de l'orage ?

_____

(c)   Est-ce qu'il pleut ?

_____

(d)   Il fait chaud ?

_____

LEÇON 8
Les membres de la famille Diallo

1. Exprimer la relation (Expressing relationship)

(a) Le frère de mon père est _____.

(b) Le fils de ma sœur est _____.

(c) Les filles de mon frère sont _____.

(d) Mes cousines sont _____.

(e) Ma tante est _____.

(f) Mes beaux-parents sont _____.

(g) Les filles de mon fils sont _____.

(h) Ma belle-sœur est _____.

(i) Les parents de ma mère sont _____.

2. Complétez avec les pronoms ! (fill with the pronouns !)

(a) _____ suis enseignant.

(b) _____ t'appelles comment ?

(c) Est-ce que _____ connaissez l'avenue Allen ?

(d) Où _____ sommes ?

(e) _____ n'est pas de cette région ?

(f) Est-ce que _____ voyageons en décembre ?

(g) _____ ne comprend pas.

(h) Et toi, _____ comprends ?

(i) Non, _____ ne comprends pas.

3. L'accord des adjectifs et des noms. (Agreement of adjectives and nouns).

(a) Voici _____ (toutes/tout/tous) mes amies.
(b) Elle est la _____ (premier/première/premiers)
(c) Sont-ils des _____ (jemeaux/jummelle/jummeau) ?
(d) Tu es le _____ (benjamin/benjamine) ?
(e) Où sont _____ (toutes/toute/tous) les hommes ?
(f) Je ne sais pas, mais _____ (toutes/toute/tous) les femmes sont là.

4. Écrivez en anglais ! (Write in English)

(a) Il s'appelle Anna, et toi ?

_____

(b) L'artiste c'est qui ?

_____

(c) Moi, j'habite à Port Harcourt.

_____

(d) Lui, comment il va ?

_____

(e) C'est elle la secrétaire ?

_____

(f) Eux, ils voyagent demain.

_____

(g) Vous, vous êtes aussi bête ?

_____

5. Répondez à ces questions ! (Answer these questions!)

(a) Vous êtes marié ?

_____

(b) Vous avez combien d'enfants ?

(c)   Comment s'appelle votre premier enfant ?

(d)   Vous êtes célibataire ?

(e)   Vous avez combien de frères et de sœurs ?

LEÇON 9
À la plage

1. Choisissez l'option juste ! (Pick the correct option)

(a) Taiwo et Ada _____ (aller/vont/va) à la plage.
(b) Ils _____ (voient/vois/voyons) les gens.
(c) Elle _____ (adores/adore/adorons) le café.
(d) Les musiciens _____ (joue/jouer/jouent) des tam-tams.
(e) Vous _____ (ont/avez/ai) des boissons ?
(f) Je _____ (préférer/préfère/préfèrent) le jus de fruit.

2. Complétez avec les mots en parentheses ! (Complete with the words in brackets)

(a) J'aime la _____ (pêche/pêcher)
(b) Il adore _____ (peinture/peindre)
(c) Vous aimez _____ (natation/nager)
(d) Elle aime beaucoup le _____ (saut/sauter)

3. Répondez en employant « SI » ou « OUI » (Answer by using « SI » or « OUI »)

(a) Tommy aime les confitures ?

_____

(b) Ojo ne déteste pas la radio ?

_____

(c) Tu ne regardes pas la télévision ?

_____

(d) Mme Kanu ne travaille pas à la banque ?

_____

(e) Les enfants mangent maintenant ?

_____

4. Répondez en employant le complément juste : LE, LA, ME, NOUS, LES (Respond by using the right complement : LE, LA, ME, NOUS, LES)

(a) Où est Fashola ? _____ voici.

(b) Où sont tes amis ? _____ voilà.

(c) Mon sac est où ? _____ voilà.

(d) Winock et Taiwo, où vous êtes ? _____ voilà.

(e) La directrice est ici ? Oui, _____ voici.

5.Écrivez en français ! (Write in French !)

(A) I know how to dance but I cannot dance in front of 1,000 people.

_____

_____

(b) She wants to eat rice but she does not know how to prepare rice.

_____

_____

(c) You like hunting a lot, but your sister prefers painting.

_____

_____

(d) We dislike listening to the radio.

_____

_____

LEÇON 10
Quelle heure est-il?

1. Relisez le texte QUELLE HEURE EST-IL et répondez aux questions suivantes ! (Reread the text and answer the following questions !)

(a) Comment s'appelle cette école?

_____

(b) Le responsable est dans quelle classe?

_____

(c) Il est quelle heure maintenant?

_____

(d) À quelle heure commence les cours ?

_____

(e) Le professeur c'est qui ?

_____

(f) Le professeur arrive à l'heure ?

_____

2. Dites l'heure selon ces indications ! (Tell the time with these figures)

(a) 12h 05 _____

(b) 0h 59 _____

(c)   1h 15 _____

(d)   18h 44 _____

(e)   21h 37 _____

**3. Choisissez : « en avance », « à l'heure », « en retard ».
Faites des phrases ! (Chose : « en avance », « à l'heure », «
en retard ». Make sentences !**

(a)   La réunion est à 12h 00. La secrétaire arrive à 11h 35.
Elle _____ .

(b)   Le directeur arrive à 12h 10
Il _____ .

(c)   Le directeur adjoint arrive à 12h 00.
Il _____ .

(d)   Les cours commencent à 8h 30. M. Dikko arrive à 9h00.
Il _____ .

(e)   Le responsable arrive à 8h 00.
Il _____

**4. Complétez avec CE, CET, CETTE, ou CES (Fill with CE,
CET, CETTE or CES).**

(a)   _____ classe est ennuyeuse.

(b)   _____ étudiants vont à la maison.

(c)   Comment s'appelle _____ garçon.

(d)   J'aime _____ appareil photo.

(e)   Il faut nettoyer _____ escalier.

(f)   _____ bruit vient d'où ?

(g)   Corrigez _____ devoirs !

(h)   Qui raconte _____ histoire ?

5. Écrivez en anglais ! (Write in English !)

(a) La voiture est sur la route.

_____

(b) Nous sommes au bord de la plage.

_____

(c) Les arbres sont au milieu du jardin.

_____

(d) Abuja est au centre du Nigéria.

_____

6.Écrivez en français ! (Write in French !)

(a) The students are not in the class.

_____.

(b) The post office is opposite the church.

_____.

(c) Sit behind Felix.

_____

(d) We are playing around the trees.

_____.

LEÇON 11
Chez le tailleur

1. Complétez avec un verbe ! (Fill with a verb !)

(a) Tout le monde _____ M. Ojukwu. (sait/connait)
(b) Il _____ une maison de couture. (tient/suis)
(c) Yomi _____ chez lui. (vient/allez)
(d) Bonjour comment _____-tu ? (vas/va)
(e) Tu _____ un tissu ? (ai/as)
(f) _____ une mode. (choisit/choisis)
(g) Je _____ un kaftan simple. (voulez/veux)

2. L'accord des adjectifs.

(a) La chemise est trop _____ (grand/grande).
(b) Ces chaussures sont _____ (serrés/serrées).
(c) Il n'aime pas les jupes _____ (étroits/étroites)
(d) Voici un _____ pantalon. (petit/petite)
(e) J'aime la tenue _____ (habillé/habillée)

3. Faites des phrases en associant les trois colonnes ! (Make sentences by linking the 3 columns!)

Je	essayons	des chaussures.
Tu	choisit	une cravate.
Il	mettez	un tee-shirt.
Elle	choisissent	des complets
Nous	porte	de danser le salsa.
Vous	essaie	un gros fardeau.
Ils	mets	le sac dans la voiture.
Elles	portent	les vêtements dans le magasin

4. Choisissez QUEL, QUELLE, QUELS ou QUELLES !

(a)   Vous faites _____ métier ?

(b)   On prend _____ piste ?

(c)   Il est dans _____ profession ?

(d)   _____ langues parlez-vous ?

(e)   _____ films aimes-tu ?

(f)   Elle choisit _____ sac ?

(g)   Je lave _____ habits ?

5. Changez au pluriel !

(a)   Un pantalon étroit - _____

(b)   Une chemise large - _____

(c)   Le sac petit et neuf - _____

(d)   La tenue habillée - _____

(e)   Une chaussure neuve - _____

LEÇON 12
La maison de mon père

1. Relisez le texte LA MAISON DE MON PERE et répondez !

(a)   Comment est la maison du père de Laolu ?
_____.

(b)   Son père aime la natation ?
_____.

(c)   Qui habite une très grande villa ?
_____

(d)   Comment est cette villa ?
_____

(e)   Il y a combien de chambres ?
_____.

(f)   Le père de Soludo a combien de locataires ?
_____

(g)   Il n'est pas le propriétaire ?
_____

(h)   Où est situé son immeuble ?
_____

2. Dans quelle pièce se trouvent ces objets ?

(a)   Le lit se trouve _____.

(b) Le canapé est _____.

(c) La table à manger est _____.

(d) Le porte-savon est _____.

(e) L'oreiller se trouve _____.

(f) L'évier se trouve _____.

(g) La baignoire est _____.

3. L'accord des adjectifs

(a) Cet appartement est _____ (isolé/isolée)

(b) C'est un _____ quartier. (vieux/vieille)

(c) Ce sont des maisons_____ (traditionnels/traditionnelles).

(d) Cette case n'est pas bien _____ (situé/située).

(e) C'est une zone _____ (bruyant/bruyante)

4. Remplissez les trous en employant les verbes ACHETER, (SE) VENDRE, LOUER, (SE) CONSTRUIRE.

(a) Combien vous _____ votre appartement par an ?

(b) Cette maison est à _____ seulement en juillet et août.

(c) L'entreprise _____ un parc d'attraction pour ses clients.

(d) À Ikeja, les tomates _____ très cher.

(e) Il va _____ une autre voiture l'année prochaine.

5. Écrivez en français !

(a) How much do you rent this room?

_____.

(b) I am selling the land in Lomè.

_____.

(c) My father is building a small villa.

_____.

(d) In town, cloths are not so expensive.

_____

(e)   They like buying in retail.

_____.

(f)   The governor is constructing a hospital here.

_____.

(g)   The tenants are on the ground floor.

_____.

LEÇON 13
Preparer un plat Africain

1. Associez la liste de droite avec celle de gauche (Link the list on the right with the one on the left).

(a) Klaxonner avant de doubler	(1) She is cooking
(b) Elle écorce une orange.	(2) The sauce is ready
(c) Défense de fumer.	(3) Blow horn before overtaking
(d) Elle fait la cuisine.	(4) You have to pound the yam
(e) Il faut piler de l'igname.	(5) She is peeling orange
(f) La sauce est prête.	(6) No smoking

2. Trouvez les intrus ! (Find the odd one)

(a) Tomates oignons sel stylo piment

(b) Cuisine salon - chambre toilettes voiture

(c) Faire face faire bouillir faire frire faire griller faire cuire.

(d) Goût salé poivré sucré épicé

3. Réécrivez ces phrases en employant le pronom ON ! (Rewrite these sentences by using the pronoun ON !)

(a) Je dois parler aux employés.

_____

(b) Elle lave ses habits sales.

_____

(c) Nous allons manger dehors.

_____

(d) Vous faites la cuisine.

_____

(e) Tu ne sais pas.

_____

4. Réécrivez ces phrases en employant IL FAUT ! ((Re-write these sentences by using IL FAUT)

(a) On doit savoir comment parler le français.

_____

(b) Tu dois arriver à l'heure.

_____

(c) Elle doit visiter le centre culturel.

_____

(d) Je dois faire frire des tomates.

_____

5. L'accord des adjectifs.

(a) La sauce n'est pas assez _____ (salé/salée)
(b) Les tomates sont déjà _____ (brûlés/brûlées)
(c) Le thé est trop _____ (léger/légère).
(d) Tu aime la soupe _____ ? (pimenté/pimentée)
(e) Ces piments sont trop _____ (secs/sèches)

LEÇON 14
Au restaurant Renée

1. Faites des phrases avec ces expressions ! (Make sentences with the following expressions)

(a) Avoir faim - _____.
(b) Être au régime - _____.
(c) Commander - _____.
(d) Être vegetarian - _____
(e) Le petit déjeuner - _____

2. Répondez à ces questions !

(a) À quelle heure vous déjeunez ?

_____

(b) Que prenez-vous pour l'entrée ?

_____

(c) Vous aimez quelle boisson ?

_____

(d) Vous dînez à quelle heure ?

_____

(e) Combien de fois vous mangez par jour ?

_____

(f) Vous faites un régime ou pas ?

(g)   Qu'est-ce que vous mangez le matin ?

3. Complétez avec le conditionnel du verbe VOULOIR ! (Fill with the conditional of the verb VOULOIR to want !)

(a)   Je _____ une sauce du poisson.
(b)   Tu _____ une autre morceau.
(c)   Elle _____ manger à la maison.
(d)   Nous _____ acheter de la viande.
(e)   Vous _____ ajouter du sel.
(f)   Ils _____ beaucoup de vêtements.

4. Complétez avec le conditionnel du verbe AIMER (Fill with the conditional of the verb AIMER to love/to like)

(a)   Ells _____ partir en vacances.
(b)   Vous _____ mettre un peu de lait.
(c)   Nous _____ regarder ce film.
(d)   Il _____ visiter la reine.
(e)   Tu _____ prendre quelques haricots.
(f)   J' _____ parler au concierge.

5. Questions sur le texte AU RESTAURANT RENÉE Répondez et faites des phrases complètes ! (Respond and make complete sentences!)

(a)   Kunle et ses amis vont manger à quel hôtel?

(b)   Qui voudrait des nouilles et des poissons?

(c)   Qui choisit la viande de chèvre?

(c)   C'est combien l'addition ?

(e) C'est combien la monnaie ?

6.Écrivez en français !

(a)   A slice of bread is too small.

(b)   I would want a plate of rice.

(c)   She is not on diet.

(d)   We are eating at Renée Hotel.

(e) How much is the bill?

LEÇON 15
Pour aller à l'Alliance Française ?

1. Avec la carte ci-dessous, décrivez comment aller du nouveau stade à BTC ! (With the guide below give the direction from the new stadium to BTC !)

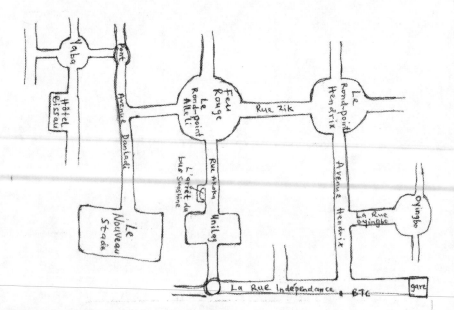

2. Donnez les moyens de transport ! (Give means of transport !)

(a) Pour aller à Kano, je prends _____.

(b) Je vais à l'école _____.

(c) Nous allons à Eleme _____.

3.Mettez les pronoms Y et EN où il faut ! (Put the pronouns Y and EN where necessary !)

(a) Ils _____ vont.

(b) Nous _____ venons.

(c) J'_____ viens.

(d) Tu _____ habites?

(e) Elle _____ travaille?

(f) Il _____ vient.

(g) Vous _____ allez.

4. Relisez le texte à la page 131 et répondez à ces questions !

(a) Céline n'est pas étrangère ?

_____

(b) Monique parle bien français ?

_____

(c) Comment s'appelle l'école de Monique ?

_____

(d) Comment aller à l'Alliance Française ?

_____

(e) Où faut-il descendre ?

_____

(f) On marche jusqu'à quel carrefour ?

_____

5. Écrivez en Anglais

(a)　Leur école se trouve dans la rue qui donne sur l'avenue

_____

(b)　Ces cars sont en provenance de Jalingo.

_____

(c)　Pourriez-vous nous indiquer le chemin pour le nouveau marché.

_____

(d)　Voici le bus qu'il faut prendre pour aller à la banlieue.

_____

Allons faire des courses !

1. Transformez ces phrases au féminin ! (Change these sentences to feminine !)

(a)   C'est un grand homme - _____

(b)   Il est gentil - _____.

(c)   Ce sont des garçons forts et sportifs

_____.

(d)   Ils sont toujours heureux et doux

_____.

(e)   Le roi est méchant - _____.

(f)   Le chanteur est jeune - _____.

2. Répondez !

(a)   De quoi sont vos chaussures ?

_____

(b)   Cette chaise est de quoi ?

_____

(c)   En quoi est le stylo ?

_____

(d)   Le crayon est en quoi ?

(e) En quoi sont vos boucles d'oreilles ?

(f) Cette boîte est en quoi ?

(g) Ce sac est de quoi ?

3. Répondez !

(a) Comment sont vos cheveux ?

(b) Comment sont vos yeux ?

(c) Comment est votre nez ?

(d) Comment sont vos lèvres ?

4. Écrivez en anglais !

(a) Sa boutique est approvisionnée de tissu de coton et de soie.

(b) Il y a des chaussures et des pantoufles de toutes sortes.

(c) Je veux une chemise prêt-à-porter.

(d) Ça coûte combien le mètre ?

5. Écrivez en français !

(a)   She likes shopping.

_____

(b)   How much do you owe us?

_____

(c)   Students are on holiday.

_____

(d)   It is a black car.

_____

(e)   The teacher is so fat.

_____

6. Répondez. Donnez les description!

(a)   Comment êtes-vous ?

_____

(b)   Comment est le censeur de cette école ?

_____

(c)   De quelle couleur est le drapeau nigérian?

_____

(d)   Vos sandales sont blanches ?

_____

(e)   Le ciel est pourpre?

_____

(f)   Le film est long?

_____

(g)   De quelle couleur est votre chemise?

_____

LEÇON 17
Chez le médecin

1. Identifiez ces parties du corps ! (Identify these parts of the body)

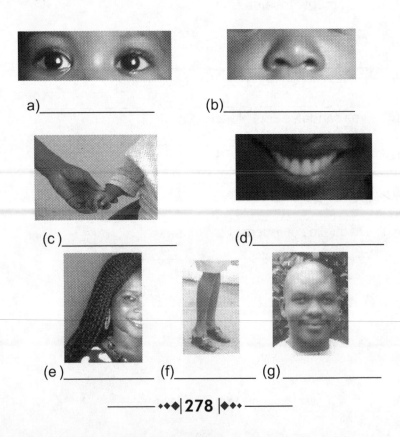

a)_____   (b)_____

(c)_____   (d)_____

(e)_____ (f)_____ (g)_____

2. Travaillez votre vocabulaire ! Que veut dire les suivants en français ? (Work on your vocabulary! What do the following mean in French?)

(a) Blood test _____.
(b) Hypertension _____.
(c) First aid _____.
(d) Kiss of life _____.
(e) Bandage_____.
(f) AIDS _____.
(g) Pediatrics _____
(h) Medical check up _____.
(i) Gynecologist _____
(j) Surgery _____
(k) Heart transplant_____

3. Transformez les phrases suivantes au futur proche, en employant : ALLER + VERBE À L'INFINITIF ! (Change the following sentences to the near future by using ALLER (to go) + an unconjugated verb.

(a) Le train arrive en retard.

_____

(b) Je ne suis pas à l'école demain.

_____

(c) Mlle Zidane a une réunion à 12h.

_____

(d) Où nous prenons le petit déjeuner.

_____

(e) Vous connaissez tous ces gens !

_____

(f) Il étudie l'informatique en Amérique.

_____

(g) Comment elle prépare la salle ?

_____

4. Cherchez les intrus !

(a) Avocat - chirurgien - danseuse - cambodgien
(b) Tester - maladie - prescrire - panser
(c) Hôpital - paludisme - toux - SIDA
(d) Carnet - tampon - liquide - guérison

5. Mettez ces mots dans l'ordre pour former des phrases !
(Put these words in order to form sentences!)

(a) parce je chez je que tousse médecin vais le.

_____

(b) le vérifier dépistage allons résultat du

_____

(c) comprimés ne pas avant ces dormir prenez de

_____

(d) trouver on du vient sang - de

_____

6. Répondez au passé récent.
Par exemple :
A : Tu va préparer la salle ?
B : Non, je viens de préparer la salle

(a) Vous allez voir le directeur ?

_____

(b) Ils vont arracher les arbres ?

_____

(c) Elle va vider son armoire ?

_____

(d) Les enfants vont passer un examen ?

_____

(e) Hendrix va écrire ? au gouverneur ?

_____

(f) Tu vas acheter une voiture ?

_____

LEÇON 18
Milan a reçu une lettre

1. Écrivez une lettre. Remplissez les trous avec les mots suivants : grande, l'heure, préparer, portes, part, me, gens, vacances, vais, pouvoir, pense, vont.

Comment tu te _____ ? Je _____ très bien, moi.
Comment _____ mon frère et mes sœurs ? Je _____
que très bien ? Lagos est une _____ ville et il y a beaucoup
de _____. Le matin, je dois _____ réveiller à 5h pour
_____ arriver à l'école à _____. Je vais venir pendant
les _____ de Noël. Il faut dire à maman de _____
mon plat préféré. Salue maman, Soludo, Chinago et Amaka de
ma _____. Ton fils dévoué Kaosi

2. Conjuguez le verbe AVOIR pour former le passé composé

(a) J'_____ reçu une lettre.
(b) Tu _____ parlé au directeur ?
(c) Il _____ vu l'artiste.
(d) Elle _____ refusé de sortir.
(e) Nous _____ fini le travail.
(f) Vous _____ lu mon message.
(g) Ils _____ fait du tennis.

(h)   Elles _____ choisi quel bureau ?

3. Réécrivez au passé.   Observez les mots suivants ; par exemple

> Aujourd'hui, il <u>regarde</u> un match de football.
> Hier, il <u>a regardé</u> un jeu télévisé.

(a)   Aujourd'hui, tu joue au football.

_____ .

(b)   Aujourd'hui, je fais de la natation.

_____ .

(c)   Aujourd'hui, nous envoyons un télégramme.

_____

(d)   Aujourd'hui, ils reçoivent beaucoup de cadeaux.

_____

(e)   Aujourd'hui, tu es avec to ami.

_____

(f)   Aujourd'hui, vous applaudissez l'équipe.

_____

(g)   Aujourd'hui, elle a une bonne note à l'école.

_____

(h)   Aujourd'hui, Lanre gagne au lotto.

_____

4. Maintenant, mettez vos réponses au négatif ; par exemple :

> Il a regardé un jeu télévisé.
> Il n'a pas regardé un match de football.

(a)   _____

(b)   _____

(c)   _____

(d)   _____

(e)   _____

(f)   _____

(g) _____

(h) _____

5. Répondez selon le texte à la page 155.

(a) Ade et son oncle ont passé combien de semaine à Libreville ?

_____

(b) Quelle est la relation entre Milan et Ade ?

_____

(c) Les professeurs d'Ade ne sont pas excellents ?

_____

(d) Ada et son oncle ont mis combien d'heures pour arriver à Dakar ?

_____

(e) Le contrôle continu est quel jour ?

_____

LEÇON 19
Nous sommes allés faire des courses.

1. Répondez en employant les pronoms démonstratifs : CELUI, CELLE, CEUX, CELLES !

(a)   À qui est ce portable ?

_____

(b)   Ces chaussures sont à toi ?
Non, _____

(c)   Cette chemise est à qui ?

_____

(d)   À qui est cette voiture ?

_____

(e)   À qui est ce sac ?

_____

(f)   À qui sont ces portables ?

_____

2. Exprimez l'appartenance en employant les articles contractés : DE, DU, DE LA, DE L', DES

(a)   Le cadeau _____ des enfants.
(b)   L'entraîneur _____ équipe.
(c)   La voiture _____ M. Sike.

(d)   La salle _____ professeurs.
(e)   Les chaussures _____ filles.
(f)   Le manteau _____ chauffeur.
(g)   Les amies _____ homme.
(h)   Les romans _____ Chimamanda.
(i)   Le château _____ reine
(j)   La couronne _____ roi.

3. Employez la forme juste du verbe ÊTRE

(a)   Je _____ venu te voir.
(b)   Tu _____ resté à la maison.
(c)   Il _____ monté à cheval
(d)   Elle _____ partie il y a longtemps.
(e)   Nous _____ allés à la galerie hier.
(f)   Vous _____ rentrés à quelle heure ?
(g)   Ils _____ arrivés en retard.
(h)   Elles _____ passées par ici.

4. Réécrivez ce texte au passé composé !

La fille prend son sac à main. Elle donne de l'argent à son frère.
Ce garçon sort pour acheter du savon. Il rentre après trente
minutes. Sa sœur dit qu'il retourne vite. Il répond qu'il passe
sous le pont. Le pont est plus proche.

_____

_____

_____

_____

_____

_____ .

5. Mettez les formes justes les verbes AVOIR ou ÊTRE où il faut.

Il y _____ eu trop de bruit dans la classe. Je _____ sorti dehors. Tous mes camarades _____ entrés dans le bureau du censeur. On _____ dit que Kemeni n'_____ pas encore descendu du toit. Celui-là _____ devenu têtu. Il _____ commencé à fréquenté un mauvais groupe. Moi, j'_____ tremblé quand je _____ allé chez lui l'autre fois. Il _____ né d'une famille riche.

LEÇON 20
Il s'est réveillé très tôt

1. Employez les pronoms personnels réfléchis : ME/M', TE/T', SE/S', NOUS, VOUS.

(a)   Je ne _____ lève pas à 5h.
(b)   Nous _____ promenons où ?
(c)   Il _____ est arrêté au collège.
(d)   Vous _____ brossez les dents la nuit ?
(e)   Tu aimes _____ laver avant de dormir
(f)   Elles veulent _____ construire un château.
(g)   Les Nigérians réveillent très tôt.

2. Donnez des impératifs avec ces verbes !

(a)   Se dépêcher _____
(b)   S'arrêter _____
(c)   Se préparer _____
(d)   Se lever _____
(e)   S'habiller _____
(f)   S'amuser _____

3. Écrivez au passé composé !

Ce matin nous nous réveillons de bonne heure. Nous recevons des invités la nuit passée. Mon père ne peut pas voyager comme prévu. On s'amuse beaucoup avec ces invités. Ce matin, mon père accompagne ces gens à la gare. Ils prennent le train. Mon père rentre bientôt. La famille sort pour un pique nique. Nous avons une journée formidable.

_____
_____
_____
_____
_____
_____
_____.

4. Répondez à ces questions !

(a)   Quel temps fait-il dans le sud du Nigéria en juin ?
_____

(b)   Il fait quel temps dans le nord du Nigéria en janvier ?
_____

(c)   Dans le Sahara, il fait quel temps en décembre ?
_____

(d)   En France, il fait quel temps en septembre ?
_____

(e)   Quelle saison aimez-vous et pourquoi ?
_____

5. Comment s'appellent leurs arbres fruitiers.

(a)   Une banane _____
(b)   Un avocat _____
(c)   Une mangue _____
(d)   Un citron _____

(e) Un ananas _____

(f) Un abricot _____

(g) Une pamplemousse _____

CREDITS

Cover concept by Renée Ezinne Awa

Cover photo credits:
Ezinne's picture by Akinola Apata (Alpha plus solutions)
Juliennes' & Kaosis' pictures by Julienne Olayemi
Ikechukwus' & Charles' pictures by Vincent Ikechukwu Awa
Chiomas' pictures by Ezinne Awa

Illustrated by: IKUDAISI OLUWASEUN
(+234-8073122208)

Pour un niveau avancé, surtout pour la maîtrise de L'IMPARFAIT, du FUTUR SIMPLE, du SUBJONCTIF et DES PRONOMS COMPLEMENTS, veuillez lire *Mastering French* par la même auteure.

For an advanced level, especially for the mastering the *l'imparfait*, the *simple future*, the *Subjunctive* and the *pronoun complements*, please read *Mastering French* by the same author.